发现闵行之美·闵行区政协文史丛书

百舸争流 辑

百年沪闵路

吴玉林 著

發現閔行之美

上海書店出版社
SHANGHAI BOOKSTORE PUBLISHING HOUSE

总　序

祝学军

习近平总书记指出，“文化自信是一个国家、一个民族发展中更基本、更深沉、更持久的力量。”

闵行区承上海县700年历史文脉，更有史前“马桥文化”5000年之历史渊源和深厚积淀，其前身上海县的立县历史可追溯到元代至元二十九年（1292），是上海“建置之本”，人们口中的“先有上海县再有上海市”并非妄语。明清时期的上海县交通便捷、经济发达，受松江府城的近距离辐射，经济、文化、城镇发展均优于其他地区；在近代城市化进程中，既没有彻底洋化，也没有固守不变，从而成为农耕文化、商贸文化与近代海派文化的相生、相融之地，独具地域文化特色。

改革开放以来，闵行区经济社会发展成就显著，经济总量、财政收入、居民生活水平、城市化进程、公共服务等诸多指标均位列上海各区前茅，闵行经济技术开发区、紫竹高新区、莘庄工业区引领经济发展。所以，闵行是上海的工业基地、科创新区，也是当之无愧的经济强区。同时，闵行集聚了上海交大、华东师大、航天八院、中国商飞等众多高校科研机构，各文化艺术门类、文化艺术团队及文化名人遍布全区各地，是上海的人文高地和名副其实的文化大区。

闵行区的前世今生，堪称海派文化的发祥之地。闵行区政协牢记肩负的文化使命，若干年之前，区政协文体委就组织开展了闵行文化资源的调查，据当时调查报告所示，作为闵行区文化资源重要组成部分的地方历史文献，未能及时系统整理出版，为此提出了相关建议。2017年，区六届政协工作开局之初，就着手筹划闵行文史资料的编撰出版工作，由学习和文史委员会负责编制本届政协文史资料编撰出版工作规划，定名为“发现闵行之美”系列丛书，秉承“以人存书”“以书存史”“以史为鉴”的原则，计划每年编撰出版一辑5册，共五辑25册，分五年完成。从“民艺乡俗”“岁月有痕”“老巷陈香”“故土之韵”“百舸争流”五个方面，集结闵行历史文化之精粹，以飨众多闵行和上海读者。

编撰过程中，也碰到了很多困难，但有幸于闵行丰厚的历史和历代先贤留下的文化瑰宝，让我们充满底气；政协委员和社会各界的鼓励和支持使我们信心倍增。热切期盼得到社会各界持续关注、支持和热心指导。

让我们共同努力，传承好闵行灿烂的历史文化，谱写好未来的美好乐章！

目 录

似锦繁华是吾乡

写在前面：一条路名的解读

这条路，是上海西南地区最重要的干道之一；

这条路，是国人在上海境域内修筑的第一批市郊公路，也是中国第一条商办长途汽车运输线；

这条路，不仅缩短了郊区到市区的时空距离，更改变了当年闵行镇有船无车的交通状况；

这条路，对沿线地区的社会和经济发展起到了不可磨灭的作用。最初修建的出发点之一是为阻止公共租界越界筑路，所以在当年无论是对闵行，还是整个上海都有着特殊的意义；

……

这条路，历经百年沧桑，岁月洗礼，随着社会的不断发展和进步，城市化快速推进，无论是名字、形态、走向都在不断演变。

要了解这条路的前世今生，首先得从路名上作番概念性的解读：

沪闵南柘路：

民国九年（1920）8月，闵行当地人士李英石、黄申锡等发起倡议，集资修筑沪闵南柘汽车路，以黄浦江为分界线，分沪闵段和南柘段，以期连接上海、闵行、南桥、柘林，亦称沪闵南柘路。

初建的沪闵南柘路，严格意义上属沪杭公路上海段，民国十一年（1922）5—12月，沪闵段建成通车，长29公里，运营的公交线路取名“沪闵线”。民国二十一年（1932），建成闵南、南柘和柘金等路段，共长47公里，并与浙江省公路连通，是当时一条沟通省际交通的重要公路。

老沪闵路：

1958年，上海市因建设闵行工业卫星城的需要，作出了沪闵南柘路改建规划，沪闵段徐家汇至漕河泾及颛桥至闵行首尾两段老路拓宽，中间路段截弯取直，改经莘庄镇往南直抵老闵行，原龙华、华泾、颛桥段的部分老公路自此改称为老沪闵路。数十年来，因老沪闵路沿线规划不断调整，目前被分割成十几段，有的路段甚至成为断头路。老沪闵路的北端与桂林路沪闵路交汇，南端与颛兴路沪闵路交汇。

沪闵路：

1959年9月，沪闵路改道竣工，沿途经现在的徐汇漕河泾街道、康健街道、闵行梅陇、莘庄、颛桥等镇（漕河泾和康健街道在1984年9月由上海县划归徐汇区管辖），最后抵达江川路街道（俗称老闵行）。公交沪闵线改行新线，称徐闵线。现今的沪闵路依旧是上海西南重要的干道之一，北起沪闵路一号桥（徐汇区内康健路与沪闵路交会处，跨龙华港），与漕溪路相接，南讫闵行西闵线轮渡口，与沪杭公路相接。

沪闵路目前主要公交线路还是为徐闵线，从徐家汇肇嘉浜路高安路到老闵行的闵行汽车站（近西闵线渡口）。

沪闵公路：

从莘庄立交到北松公路的沪闵路段属于国道G320的一部分，故被称为“公路”。莘庄立交东侧有一处标志，为闵行区区管市政道路和上海市管公路分界牌，即沪闵公路和沪闵路的分界点。

沪闵高架路：

沪闵高架路为城市快速路，是陆路出入上海市区的南大门，亦是上海市总体路网的骨干射线路网之一。沪闵高架路北起内环线漕溪路立交，南至外环线莘庄立交北端。工程实施分两期进行。一期工程为柳州南路至漕溪路立交，于1997年7月竣工通车。二期工程为莘庄立交北端至柳州南路，于2003年12月竣工通车。

无论是沪闵路，还是老沪闵路，都深深地烙上了沪闵南柘路的印记，了解了其间的来龙去脉，才会深刻感受到上海城乡百年间的变迁。

一条路，一座城，百年穿越。

已是风光近百年

一条路，一座城，一百年。

在很长的一段时间里，“去上海”对大多数闵行人来说，沪闵路几乎是必经之路。岁岁年年，徐闵线车窗外麦浪滚滚的田野如今成了鳞次栉比的都市。

离不开的路，绕不开的人，解不开的情。回望岁月，原来很长，却也很短。

李英石其人其事

老闵行地区原本有条英石路，它是现在的建设路的前身，临黄浦江，并与沪闵路相交，北侧是闵行汽车站。

李英石像（资料图片）

这一条路不太长，也不算宽，在上海成千上万条大大小小的马路中毫不起眼，但它在老闵行历史上却占有一席之地。路东头与沪闵路相交处门牌号为建设路1号，在1954年4月至1958年8月，和1959年2月至1960年12月间，这里曾两度作过上海县人民政府的办公场所；相隔不远的39号，则是当年在闵行滩颇有名气的一处私家宅院——李园。

英石路是以一个人的名字命名的，而李园则是他的家。在20世纪二三十年代，这个人不仅在老闵行地区，在上海滩都可以称得上是风云人物，在一些重大的历史事件中（比如说辛亥革命时期光复上海），还曾担当过重要的角色。

这个人叫李英石。

要写沪闵路，必须要说李英石，因为这条路就是在他的倡议并主持下修建的。他的名字与沪闵路紧紧相连，他人生最后10多年的命运也同沪闵路紧紧捆在了一起。

翻阅有关李英石的历史资料，包括当年的《申报》报道、民国旧档案及其子李宗武在1963年为上海市政协所撰写的相关文献《辛亥革命上海光复纪要》《沪闵南柘长途汽车股份有限公司始末》等，我觉得把李英石的五十二年的人生概括为两句话还是比较妥切的：

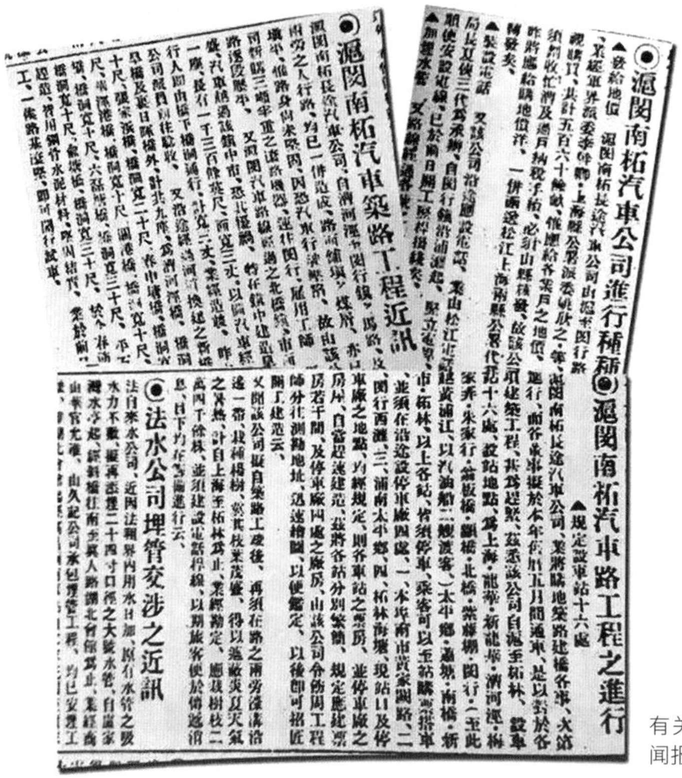
◎滬閔南柘汽車築路工程近訊

◎滬閔南柘汽車公司進行種種

▲發給地價

▲裝設電話

◎滬閔南柘汽車路工程之進行

▲規定設車站十六處

◎法水公司埋管交涉之近訊

有关沪闵南柘路修筑的新闻报道（资料图片）

前半生：他是辛亥革命的功臣，为推翻清朝封建帝制、光复上海立下汗马功劳；

后半生：他是地方建设的积极推动者，为主持修建沪闵南柘路，谋求地方发展呕心沥血。

历史没有假设，但如果没有李英石，那还会有沪闵路吗？或者会有，但可能晚上五年、十年，甚至更长的时间修筑。因为在这条路修筑通车后的20多年里，中国始终处于战争频发、动荡不安的时期，兵荒马乱，民不聊生。

从军报国，两赴日本学习军事

清光绪七年九月十二日（1881年11月3日），李英石出生于上海县闵行镇新西街李园养素堂。其父李祖锡。

清末，地处黄浦江畔的闵行老街已成为上海城郊首镇。镇上独多李姓人家，大都分属易园李氏、李园李氏、竹冈李氏等大家族，有的经商，有的授教，枝繁叶茂，举足轻重。易园李氏家族，是清嘉庆年上海名士李林松的子孙，人才辈出；竹冈李氏家族，是明末松江守城名将、松江府城隍李待问的后裔，颇具名望；李园李氏家族是书香门第，李祖佑、李祖锡正支撑着闵行镇地方自治的“门面”，此时有了李英石，李氏家族开始谱写新的历史篇章。

李氏家族一向热心地方公益。李祖佑与李祖锡、内兄顾言（马桥镇荷巷桥人氏，近代教育家，吴会书院创始人）一起捐募银八百余元，在镇西南积谷仓处创办务敏学堂。

李英石（资料图片）

李英石自幼受到父亲的关爱和严管。少年时，每月到在马桥镇上的吴会书院上课，师从顾言，结识了不少好友。光绪二十二年（1896），刚十五岁的李英石考入上海县学，成为一名秀才，李氏家族合家欢喜。

李英石聪颖早慧，虽说个子不算高大，但肩宽体壮，长得十分结实。他不喜欢“死读书”，闲暇时好谈兵事，娴习马术。而父亲对李英石寄托厚望，急切地盼望他通过科考，走向仕途。于是设法通过纳捐，为他获取了附贡生的名分。

光绪二十二年（1896），清政府派出十三名学生赴日本留学，开启了中国近代史上赴日留学的时代新潮。随之，各省督抚相继派遣赴日留学生，此即官费生。李英石闻听日本有出色的军事学校，擅长培养新式陆军人才，因此也极想前去留学，却一时寻不到谋求“官费生”的途径。于是决意投笔从戎，依托宽裕的家境，索性自费赴日本学军事。

此时，李英石遇到了同样热衷于赴日学习军事的吴稚晖。

吴稚晖（1865—1953），原在上海南洋公学任教，1901年3月到日本，与最要好的学友钮永建（1870—1965，上海县马桥俞塘村人）相聚在一起，同习日文。在那里，钮永建首先有幸地结识了孙中山先生，共同议论反清斗争策略，这也使吴稚晖逐步接受了革命思想。当年12月，钮永建经孙中山推荐，回国奔赴广州帮助筹办广东武备学堂，而吴稚晖忙于帮助自费生赴日留学。

光绪二十八年（1902）七月初，李英石与蔡锷、胡汉民等七人，跟随吴稚晖汇聚上海港，一起乘邮轮经过四天多的航行到达岛国日本。

当时，报考日本陆军士官学校，先要入其军事预备学校（成城学校）学习一年。清廷生怕中国留学生赴日留学后加入反清队伍，因此照会日本政府并约定：凡是中国自费学生要进成城学校，必须要由清政府派驻日本公使具函保送方可。于是，李英石与蔡锷、许嘉澍、钮瑗、孙揆均、顾乃珍、刘种英、吴慕良等九名苏浙赣自费留学生，前去拜见清公使蔡钧，请求其保送他们去成城学校学习。但是，他们的合理要求遭到了蔡钧的故意阻挠，推说必须先由学生原籍的官府出具保证。

眼见争取不果，这群满怀抱负的年轻人便在公使馆集体静坐示威，持续数日不散。蔡钧恼羞成怒，指控他们为“革命党”，竟然下令动手抓捕。李英石他们群情激奋，怒砸公使官邸的陈设。日本警察赶来扣押了在场学生，并以扰乱治安为名，限他们二十四小时内离境。

于是，吴稚晖、李英石等被押往横滨码头，遣送回国。

李英石壮志未酬，千方百计寻找新的途径。父亲李祖锡便让他去找自己的好友上海滩名士李平书的帮助。

李平书（1854—1927），光绪年间，先后署广东凌丰、新宁、遂溪知县，湖北武备学堂总稽查、提调。光绪二十九年（1903），转任江南制造局提调，兼任中国通商银行总董、轮船招商局董事、江苏铁路公司董事。他主持一系列社会改良活动，创建民族实业，在上海颇具名望。

李平书与李祖锡曾为同榜贡生，互称“同年”，年轻时交往密切。经李平书推荐，李英石顺利进入由两江总督张之洞在南京城北三牌楼创办的江南陆师学堂。他在这里学到了丰富的军事知识，经历了正规的军事训练，越加增强了从军报国的信念。

光绪三十年（1904），李英石又转入金陵将弁学堂。在这里他遇到了一批志同道合的热血青年，结识了一个又一个真正的“革命党”。

李英石难忘当初赴日求学遭拒之痛，希望能堂堂正正再赴日本留学，实现自己的梦想。因此，从金陵将弁学堂毕业之后，李英石急忙返回上海，李平书再次热情地出手相助，为其作赴日留学的担保，通过南京好友，很快争取到了“官费生”的名额。光绪三十二年（1906），李英石如愿以偿，考入日本官立东京振武学校（原名成城学校），接受留学预备教育。并在次年12月，以军曹（中士）军衔进入陆军士官学校第六期步科（骑兵科）。当时，在日本学习文法科的上海学生不少，而专攻陆军科目的只有李英石一人。

东京此时是中国热血青年的大本营。李英石利用课余时间，参加了留日同学的一系列聚会，还结识了黄兴和宋教仁等中国革命同盟会主要成员。

光绪三十四年（1908）十二月，李英石从日本陆军士官学校毕业之后，按规定，以“见习士官”的身份回到骑兵联队再次实习半年多，获少尉官衔。

光复上海，投身辛亥革命风暴之中

宣统元年（1909），李英石随同留日毕业学员回国，即奔赴武昌城，被编入新军营。两江总督张人骏器重李英石的文才武略，推荐他担任新军书局军事书籍编译长。在那里，他与新军第八镇内的革命组织“振武学社”（文学社前身，密谋反清）建立了联系。

在武昌工作了十个月之后，李英石又被张人骏召回南京，加入新军陆军第九镇，来到江宁城关。次年，他隐藏革命者身份，参加清廷部试，获得“钦赐武举人”的名分。

李英石为人真诚，办事干练，熟悉军事，又精于骑兵战术，因此被陆军第九镇统制（首领）徐绍桢（中华民国开国元勋，辛亥革命时曾率领江浙联军光复南京）叹为“奇才”，任命他为第九镇马标第一营管带（即骑兵团营长）。

宣统三年（1911）10月10日，武昌新军第八镇工兵营带头发难，举行起义。消息传到上海，极大地鼓舞了革命党人的斗志，决心策划江苏、浙江、上海的武装起义，响应武昌。

李英石身受正观望时局的徐绍桢的重托，乔装悄悄来到上海打探，有幸遇到了好友黄兴，并通过他与后被蔡元培盛赞为“民国第一豪侠”的陈其美（英士）及宋教仁、杨谱笙等同盟会主要成员见了面。黄兴早就赏识李英石的才干，又知他是上海本地人，因此极为热情地劝说他留在上海，参与组织领导军事力量。李英石密电在南京的徐绍桢请示，经同意留驻上海，担负第九镇与上海革命势力的联络任务，同时策应南京起义。

就这样李英石留在上海，并接受李平书之邀，出任上海商团军事教练，帮助其按照新军编制重整商团力量，提升军事素质，进入备战状态。同时，他通过“军国民联合会”（留日军事学生的革命组织），动员已回国的士官学校同学来沪组团参加上海起义。不少同学积极呼应，蒋志清（即蒋介石）即为其中之一。

当时，上海地区有中国同盟会中部总会、光复会上海支部和上海商团公会等三方革命力量。同盟会、光复会主张尽快发动武装起义，但是自身缺乏军事实力，而上海商团公会是一支较有实力的地方武装，会长李平书时任上海县地方自治公所总董，在上海颇具号召力。

李英石明白，自己的使命并不局限于整合商团力量，他应该关注整个上海滩。正巧，在与同盟会联系的过程中，他遇到了同乡钮永建。钮永建与李英石还是远房亲戚，曾入湖北武备学堂，在日本留学时还组建过学生军，他是同盟会早期成员，紧随孙中山先生走南闯北，宣传革命。通过李英石，钮永建代表同盟会与李平书共商大计。

宣统三年九月十一日（1911年11月1日）上午，上海23个商团在南市“九亩地”演武场举行有两千余人参加的检阅典礼，当场公推李英石为上海商团临时总司令，统一负责指挥教练。

当天晚上，同盟会、光复会和商团三方力量的代表钮永建、陈其美、李燮和、李平书、李英石等紧急聚会，根据武汉和南京信息，决定当机立断，改变行动方案，将原议“上海视南京举动而定进止”改为“上海首先发动，苏杭继起响应，随即进攻南京”。

3日，闸北、吴淞发动起义，李英石率领商团参加。当夜，闸北、吴淞、上海城厢光复，唯进攻江南机器制造局的两路起义军都失利，陈其美因入局劝降被拘。敢死队赴救不克，李英石受李平书命会同敢死队再攻制造局。4日8时，率商团六七百人与敢死队、起义军警，联合李燮和上海军营，攻克制造局，乘势攻下上海道署，分段防守城厢内外，维持治安，上海始告光复。6日，上海各界代表近60人举行会议，筹组上海军政分府

（后改名沪军都督府），李英石与钮永建、陈其美被推为都督主要人选，而绅商以李英石率军血战，光复上海时功最高，首推他出任。因同盟会人员坚决反对，最终由陈其美出任都督。李英石为顾全大局，出任军政府军务副部长，兼沪防水陆全军统领。

民国元年（1912）1月，中华民国南京临时政府成立，孙中山就职临时大总统，李英石奉命组成第三混成旅，以少将衔任旅长，并被任警卫司令。南北议和后，都督府撤销，李英石即被解除军职，转任为江苏水上警察厅厅长，驻苏州。民国三年（1914）被委为江苏省警备队总司令，加陆军中将衔。又被委为陆军第三旅旅长，移驻察哈尔。李英石坚辞不去就任。后任苏（州）松（江）太（仓）官产营地局局长，还担任过淞沪保卫团监督，后改办事处主任兼第一团团长。

远离政治，投身上海西南乡村建设

此后，李英石受蒋介石等排挤，脱离军职，更抑郁寡欢，绝意仕途，更加注重关心地方建设，经营实业。民国九年（1920），李英石与李平书创办了“沪闵南柘长途汽车公司”，任总经理，修筑沪闵南柘路。民国十一年（1922）12月，沪闵段通车，是为上海西南地区最早开辟的市郊汽车客运路线。这是李英石后半生有功于民的一件大事。

民国十九年（1930）5月18日，在陈其美殉难14周年际（陈在1916年5月18日于萨坡赛路，即今淡水路寓所被袁世凯所派刺客暗杀，年仅38岁），上海举行“陈英士纪念塔”破土典礼，碑文有“上海辛亥革命由陈其美都督命蒋中正率团攻占制造局，张群亦匡襄其事”句。事前上海市

1931年，中华全国道路建设协会举办“路事展览大会”的合影，一排左五为李英石（资料图片）

长张群派员向李英石说项，请其公开支持碑文所述，并许以高官厚禄，李英石认为有悖事实而拒绝。11月3日，纪念塔落成，李英石借故不参加典礼。农历除夕，淞沪警备司令熊式辉邀李英石到司令部吃“年夜饭”，又加诱胁，李英石誓不屈从，被软禁一宵。得脱后，他蛰伏亲戚家，终返闵行，名居室为“养素堂”，以表志坚不易。

至此，李英石对时局心灰意冷，便杜门谢客，艺花弄草，寻章赋诗，借酒浇愁。1931年患中风，1933年11月13日去世。

沪闵南柘路修筑始末

偏居一隅老闵行

要说沪闵南柘路，闵行自然是重点。何况如果没有闵行，修筑沪闵南柘路也无从说起。

而这个闵行，不是指现在的行政区闵行，而是其下辖的江川路街道，在当地民间约定俗成称作为“老闵行”。

这个闵行，在明弘治十七年（1504）的《上海志》记载中称“敏行”，是最早的地名记载，迄今已有500多年历史。明正德时记载则称为“闵

沪闵南柘长途汽车公司上海车站（资料图片）

行”，并作为正名一直使用至今。当然在清乾隆后也做“敏航”，且使用较为普遍。

不管是“敏行”“敏航”还是“闵行”，应该说此地虽属偏远，但在整个上海的历史发展中还是有一定影响力的。尤其是在1958年，随着上海汽轮机厂、上海电机厂、上海重型机器厂、上海锅炉厂等人们口中的“四大金刚”陆续建成，这里一跃成为我国重要的工业基地。1960年1月在原来闵行镇的基础上设立闵行区，当然其间还有变故。直到1992年9月，原上海县和原闵行区“撤二建一”，建立新闵行区。原闵行区域内的大部分地区经过几次整合，所属华坪路街道、碧江路街道、昆阳路街道合为了如今的江川路街道。但人们还是习惯把这里称为“老闵行”。

历史上的“老闵行”地区，因南临黄浦江，古有秦皇驰道连上海县署，故为水路要津，因地域之便，长期以来，商贸发达、街兴市旺、人文荟萃、群贤毕出。民国二十四年（1935）9月出版的《闵行诗存》一书，在序中如此描述:“舟车辐辏，人物昌丰；虽无临淄之十万家，已聚德量于五百里。”

不过，尽管如此，在沪闵南柘路还没修筑前的20世纪初，偏居一隅的老闵行地区只有乡间小道与外界沟通，主要交通仅靠黄浦江的班轮、小船维持。随着商品经济的活跃、新兴交通工具的引入，城乡交流日趋广泛，仅有的水路和乡村道路已远远不能满足需要，兴建公路就成为改善交通、发展经济、方便行旅的迫切要求。

筹谋划策爱国心

民国九年（1920）3月，上海公共租界当局越界筑路，强制修筑凯旋路、大西路，接近龙华，并照会上海县知事，拟将越界筑路延展至闵行。

公共租界的这一做法让上海县诸多有识之士甚为愤慨。其时，五四运动才过去一年不到，全国正掀起着一股实业救国的热潮。李英石虽已退出军界，不理政务，且赋闲在闵行镇，但他那份拳拳爱国之心依在。

为阻止公共租界越界筑路，以免使之获属更多的附属于租界的行政管辖权，同时也为了繁荣地方经济、推动地方实业，李英石获得李平书支持，即同黄申锡一起，于民国九年（1920）8月（也有资料记录为7月）联合上海、南汇、奉贤、松江四县绅商刘子瑜、顾馨一、祝伊才等人，发起建立沪闵南柘长途汽车公司，并集资修建沪闵南柘路。计划自上海南市车站路至闵行、越黄浦江经奉贤县南桥镇到达松江县柘林（现属奉贤）止，全长52公里。民国十年（1921）5月沪闵南柘长途汽车公司筹备处成立于南市普益习艺所内，10月公司正式成立于车站路（后改称沪闵南柘路，1928年改名国货路，今为斜土东路）。李平书任董事长，李英石任总经理，黄申锡任协理。

因私营道路无前例可循，于是申请北洋政府交通总长叶恭绰拨款筑路，商办长途汽车，但当时交通部尚未设立公路管理机构，亦无筑路条例（此后交通部始颁布征地垫款筑路办法），便指示公司自费购地建筑。于是，李英石便聘请土木工程师周雄万负责建桥筑路工程，测绘线路，并考察了江苏南通长途汽车的运行情况，同时邀集沿途各乡董组织“征地委员会”，由协理黄申锡负责主持进行。

在编造预算、订立草章后，沪闵南柘公司开始了招股工作，计划集资银元50万元，分成一万股，每股50元，开启了全国商办长途汽车道路的首创之举。

民国十年（1921）11月14日，沪闵南柘长途汽车公司召开第一次董事会，董事会成员除李平书、李英石、黄申锡外，另有乔念椿、狄楚青、徐辅洲、顾岫云、张逸槎、顾馨一、姚紫石、刘子瑜、周惕生、秦介侯、祝伊才、陈梅心等人，多为政府要员、商界名流、文化名人。会议决定董事会为议事机关，经协理为执行机关。董事会议事规程由顾岫云起草；公司内部管理细则由经协理起草。明确规定，每年的营业收入除去开支，在利润中取10%为法定公债金，其余90%分摊给各股东。

一个月后，李英石和工程负责人在闵行新安公所西侧划定公司位置及车厂基地共十余亩，公司南面的路有7米宽，另有空地可以停汽车。这些空地原本都是董事会成员顾岫云、乔念椿等人的地产，他们均热心公益

20世纪80年代的闵行汽车站（资料图片）

事业，故而慷慨捐助。这些地方就是如今的闵行汽车站所在地，近百年来几乎没有变动过。

筑路建桥费思量

沪闵南柘路以黄浦江为分界线，分为沪闵段与南柘段。沪闵段首先开始建设，按照工程计划，购地建路，开造桥梁，订购车辆等各项事宜有序进行。

当时《申报》上刊登了沪闵南柘汽车线路将设十六处车站的信息，分别是上海南市国货路、漕河泾、龙华、新龙华、梅家弄、朱家行、翁板桥、颛桥、北桥、紫藤棚、闵行，以及黄浦江南岸的太平乡、萧塘、南桥、新市、柘林，并拟使用两艘汽油船渡江。此外在沿途设四处停车场，分别是南市黄家阙路、闵行西滩、浦南太平乡和柘林海塘。

民国十一年（1922）3月，沪闵南柘长途汽车公司在电话安装、安埋河流下水道工程及采购滚路机等事宜方面都有推进。沿途设电话这项工程由松江电话局长夏侠三代为承办，自闵行镇沿浦滩起，竖杆挂线。同时，为保证河水流通，不妨碍良田，凡筑路越过的河流，都在路下加埋水门汀水管。据期限两个月的工期推算，河流下水道安埋工程于当年6月左右完成。订购滚路机是当时建造沪闵南柘路最为急迫的事，除已向德国订购一部外，还向普益习艺所订购三部滚路机，规格分别是一千斤、一吨半、三吨半，比德国生产的滚路机便宜，且能迅速到货。

5月，沪闵南柘路正式开工建设。建设之初，购地千户，迁坟800余座，建桥11座，受到很大的阻力。当时农村中封建迷信势力甚大，这是筑路之前所预料不到的。迷信者认为筑路、迁坟、建桥是破坏风水，阻碍水上交通，李英石遂偕同协理黄申锡和平恳切地说服各业主，破除地理风水业者的迷信造谣，总务股得以顺利收购土地，款价均交由当地行政机关代付，由各业主掣具擘单为凭，尤以重价偿付青苗，受到舆论好评。又为照顾农民要求使农村水利不受影响，还在沪闵路上建筑永久式砖座涵洞47座。同时为方便船只通行，将预定建筑之大小桥梁，一律改建为永久式钢筋水泥拱形斜坡度桥梁，成为上海市郊区各汽车道路的突出桥型。沪闵路放样至北桥镇时，拟横贯北桥市街而过，迷信造谣者又说这是“市虎过街”，会危害居民安全。又再多方说服居民，阐述汽车道路横贯市镇的有利之处。关于“市虎伤人”之顾虑，为照顾舆情，公司决定建筑钢筋水泥大型旱桥（九号桥）一座，桥孔宽度与街道相同，越街而过，以免影响行人安全。

民国十一年（1922）9月中旬，沪闵南柘路沪闵段建造已大部分完成，沿线长途电话安装完成，交通部所颁发的长途汽车营业执照也批了下来。但是由上海华商证券公司出面向英国史蒂文工厂订购的12辆新式公共汽车，要等待半年后才能到达。事有凑巧，这时被称为上海公共交通创始第一人、华商董杏生办的那条静安寺至兆丰公园的公共汽车线路，因乘客少，入不敷出而歇业。李英石闻讯后，立即登门拜访。董杏生仰慕李英石的为人，得知李英石集资筑沪闵路和创办沪闵长途公共汽车公司而眼前急需公共汽车时，双手一拱说：“这样吧，这几辆公共汽车反正闲着不用，干脆捐献给沪闵长途公共汽车公司吧，算是董某的一份礼物！”此时，自漕河泾到闵行镇的马路及两旁的人行道已修筑完成，路面宽度原定为10米，后因汽车相遇时，容易相撞发生事故，改为13.3米，路面上的煤屑也

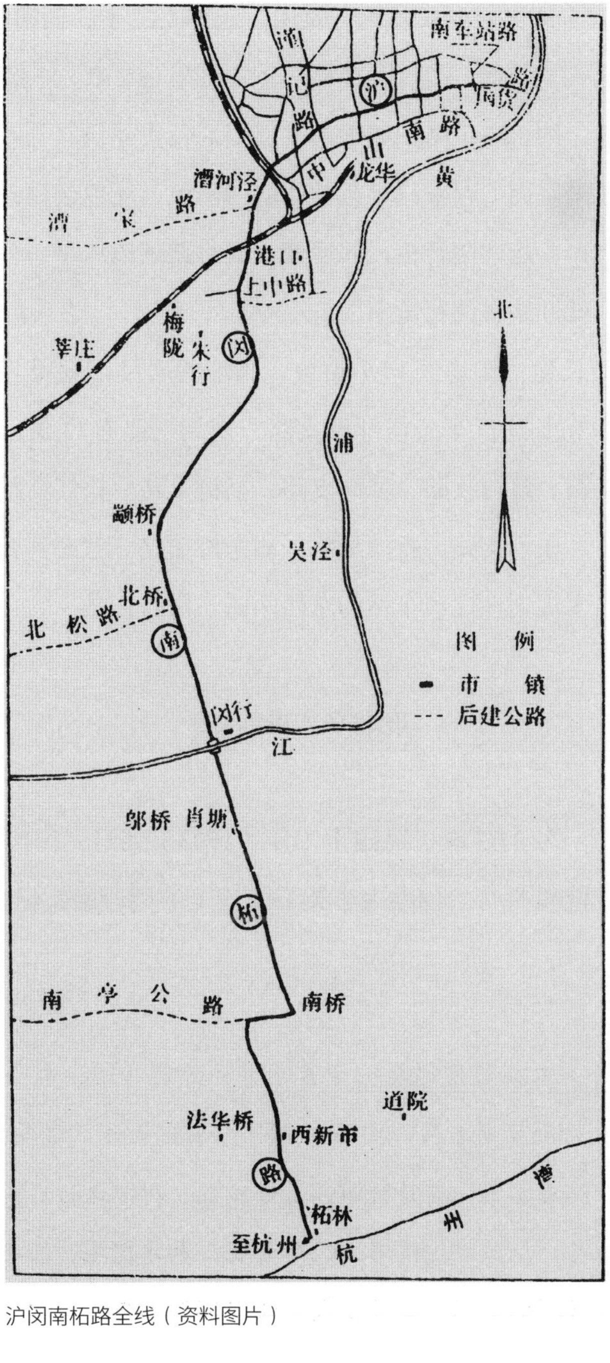

沪闵南柘路全线（资料图片）

已经填平，路面铺煤层厚0.25米，煤层下土厚0.23米，两边沟宽0.15米，人行道建在雨沟之两旁，宽约1.7米，全路面宽15.2米。上海站至漕河泾站的这段工程，约8.53千米，归沪南工巡捐局负责建设。当时道路存在的问题是路身还未坚固，存在汽车行驶压陷的隐患，所以公司新购买了三吨半重的滚路机器，运往闵行镇，并雇佣工匠将路逐段压平，公司计划等到路基坚固后，就开始在闵行试车。

沪闵南柘长途汽车途经14个市镇，当地的居民都觉得非常便利，所以请求沪闵南柘长途汽车公司开设支路，规划支路有11条，分别是龙华支路、华泾支路、曹行支路、塘湾支路、马桥支路、松江支路、金汇桥支路、奉贤支路、庄行支路、新塘支路、胡家桥支路。考虑到客流量和使用率，这些支路多规划在途经车站的东西两侧，横跨四县。

艰难辛苦谁能知

经过将近一年的建设，民国十二年（1923）元旦，沪闵南柘路沪闵段的通车典礼隆重举行。创办人李英石发表《沪闵段通车纪念辞》，回顾筑路艰辛历程：

庚申七月，本公司发起矣。辛酉十月，筹备告竣，创立会成矣。至今日而沪闵段六十里通车矣。回溯创办时，东走西奔，联合上、南、松、奉四县人士，征求意见，各界赞同，呈部立案，积极进行。不数月，开始收地设施工程矣。虽然经过情形，笔难罄述，春冰虎尾，思之悚然。幸赖各界之协助，官厅之提倡，竟观厥成。饮水思源，胥拜地方之赐，夫岂侥

沪闵南柘路修筑期间（资料图片）

幸成功哉。敬陈颠末，以告父老兄弟，敢曰周道如砥，尚希大雅扶轮。

沪闵南柘路沪闵段的建成历经艰辛，好在有各界人士的鼎力相助。民国十二年（1923）2月1日，沪闵南柘长途汽车正式通车运营，取名为“沪闵线”，这是上海最早的郊区公交线路。沪闵南柘路沪闵段通车后，影响不容小觑，“风驰电掣，是以闵行居民骤增，贸易顿形热闹”。为此，民国学者李右之在《六十年来上海地方见闻纪实诗》中写道：

汽车沪闵筑长途，创办邑人李显谟。
一小时中全路达，交通便利是良图。

但是由于当时筑路技术的局限性，某些路段不十分平坦。一位乘客真实地记录下他乘坐沪闵南柘长途汽车的经历：当日早晨八时，这位乘客在闵行车站上车准备去上海市区，刚过闵行北庙，忽觉车身震动，坐卧不安，后来另一个乘客告诉他，因为好几天下雨，导致路上坑坑洼洼，究其原因，是因为在筑路时，路面尚未经过压平所致。另一位乘客则形容汽车开在路上“一似船行大海，颠簸于洪涛飓风之中”，有乘客因此晕车。但不论如何，沪闵段长途汽车途经之地都是商贸较繁荣的市镇，所以当地的居民都觉得非常便利。

交通便利兴实业

在沪闵南柘路沪闵段通车的第三年，有人对道路做了较详细的调查：路基比较坚固，只是路两旁的绿化设施不容乐观，自法国梧桐被乡民破坏后，景观大不如刚通车之时。当时沪闵南柘长途汽车有二十余辆，分大中小三个型号，大型汽车可容纳三十余人，中型汽车可容纳二十余人，小型汽车可容纳十余人。修车厂位于地方厅附近，有修理工二十余人。全线途经站点调整为八个，分别是西门、地方厅、漕河泾、慧灵中学、钱粮庙、颛桥、北桥、闵行，票价最贵为0.8元（银圆），最便宜为0.05元（银圆），客流以闵行、颛桥最多，行驶时间为上午8时至下午5时，每隔一小时行车一次，每天往返十八次。每日收入在500元左右。若自行开车从市区前往闵行，需付1元养路费。对比沪闵段刚通车之时，全程最高票价略有提高，长途汽车的类型多样化，且经过的路线也是客流较为密集的区域。

沪闵南柘长途汽车股份有限公司额定资本50万银元，登报招股时，认股者踊跃，超过50万元，于是将黄浦江北段的沪闵路及浦南的南柘路同时兴工开筑。不料收取第二期股款时，上海因受交易所投机影响，投资人资金短绌，不能按期缴付股款，以致公司经济拮据，但又不能停工待款，困难重重。李英石焦灼备至，与董事长李平书极力筹款弥补。先由董事15人垫款救急，又再按照“公司法”发行公司债券、优先股、特别股，并商得债权人同意将借款作股等措施后，实收股本银洋471137元。艰难辛苦之下，虽于民国十二年（1923）元旦正式通车，但此时李英石已心力交瘁，债台高筑。通车之后，因有轮船通航闵行，票价较汽车为廉，以致长途汽车营业清淡，遂不得不吸收外来客车及游人，以增加乘车旅客。但闵行无名胜古迹可资观览驻足，于是李英石又变卖祖产，集资在闵行汽

沪闵南柘长途汽车股份有限公司债券（资料图片）

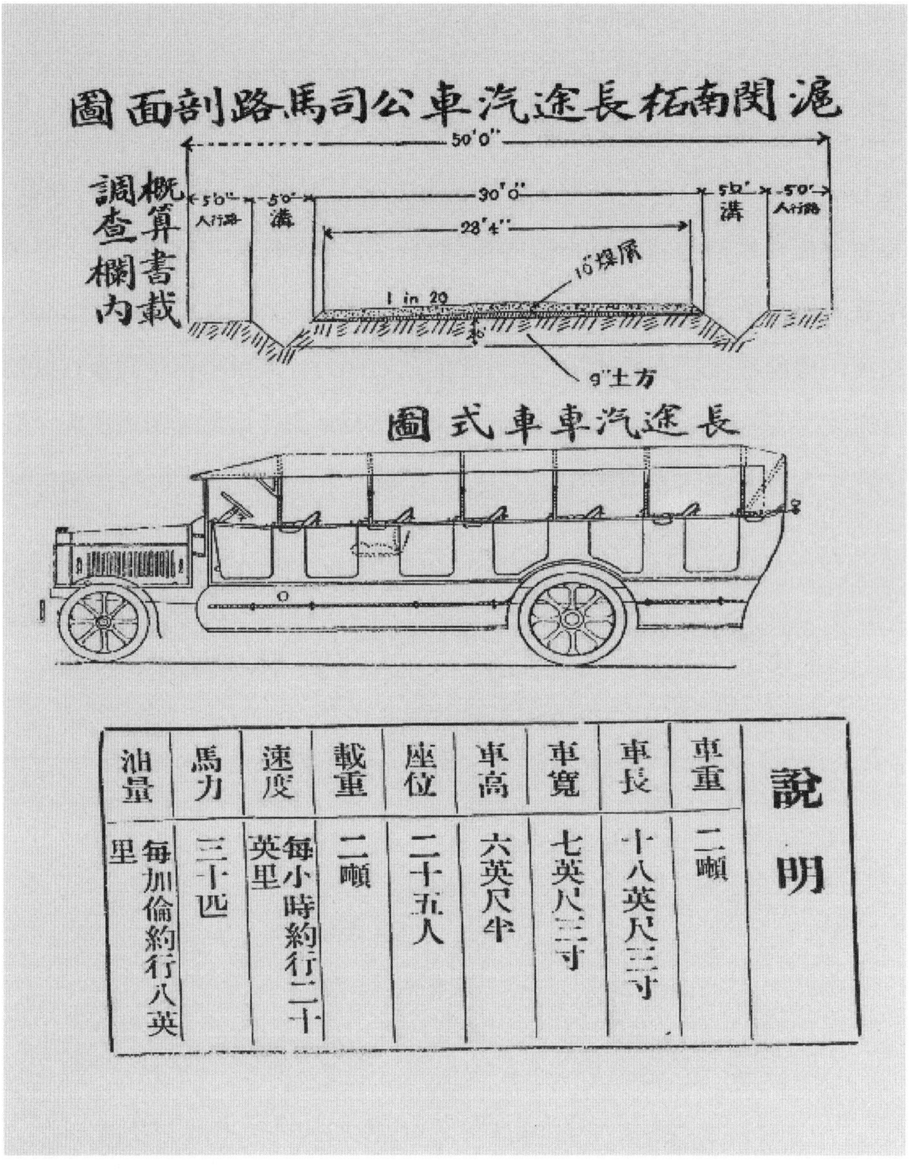

沪闵南柘长途汽车公司马路剖面及车式图（资料图片）

车站附近购地40亩，又招收外股1万银元，仿照上海“半淞园”园景构筑“敏园”一座（今老闵行滨江生活广场）。挖土为池，堆土为山，亭台楼阁，楚楚可观，游闵旅客骤然增多，藉资弥补亏蚀，同时又极力介绍工厂内迁闵行，以振兴郊区工业。

沪闵南柘路的建成“利运输而兴实业”，不仅使郊区与市区的联系更为便利，结束了当时闵行有船无车的交通状态，而且因为老闵行独特的地理位置，加上轮船汽车的联动效应，使之成为农副产品集散地，商贸日益繁荣，在市县分治后可谓当之无愧的上海县首镇。

路权纷争

沪闵南柘路命运多舛，饱受经营之困、兵燹之乱、股权之变，直到新中国成立后所进行的企业改造（公私合营），可以说，这条百年沪闵路自开通后的前三十年都没有太平过。

当年这条路的命运同它集资创办人李英石一样，似乎有点生不逢时，令人唏嘘不已。

行驶在沪闵南柘路上的长途汽车，这也是现今徐闵线的前身（资料图片）

沪闵南柘路于民国十二年（1923）2月正式通车营业，经营初期便受到内河班轮竞争，营业不振，亏蚀甚巨。至民国十八年（1929）初已无法维持。当然这只是一个原因，更主要是民国十三年（1924）江浙战争（又称齐卢之战、甲子兵灾）爆发，在路上运营的沪闵南柘长途汽车股份有限公司所有车辆全部被时任浙沪联军第1军司令何丰林征用。战争结束后，李英石只得举债购车，再行复业。岂料仅仅过了三年，国民革命军北伐，新购车辆又被福建兵败的五省联军闽军总司令周荫人强索运走。至此，公司元气大伤，而李英石也是债台高筑。其子李宗武在回忆录中这么写道："总经理李显谟遂毁家以济之……如入深渊，如履薄冰。其屡仆屡继之勇气，惨淡经营之苦衷为多人所鉴。"不得已之下，公司最终在民国十八年（1929）2月，将沪闵线路权、营业权暨沿线设施租赁给交通股份有限公司，租赁期10年，定名为租办沪闵南柘长途汽车线交通公司（简称交通公司），资金20万元，公司及上海车站均设在南市国货路379号。

此时的李英石心力交瘁，终于因中风，于民国二十二年（1933）病逝家中。

1937年，抗日战争全面爆发，此路即被日寇强占，公司车辆设备均遭破坏，被迫停业。抗战胜利后，该路由当局交还，于是公司推请股东五人组织筹备委员会复业，由李宗武主持全面工作，然而在这个节骨眼上，各方势力起了冲突。

作为李英石的儿子，李宗武接盘沪闵路权和公司业务似乎是名正言顺的。李英石有妻还有侧室，共育有三子一女。他去世时，子女都还年轻，长子李宗文和次子李宗武同龄，仅二十岁，最小的儿子李宗道还在读初中二年级，还有一个女儿李妙华。

李宗武按家谱记载生于民国元年（1912），但有资料又说是1913年，且他去世时的年份也不详，一说是20世纪60年代，一说是80年代。据李宗文之子李大庚在接受笔者采访时回忆，李宗武毕业于复旦大学。另据从市档案馆查到的相关资料上表明，李曾任国民党空军政训处副官、政训员、成都市政府专员等职。

李宗武主持复业即得知交通公司已与交通银行先行洽谈，由该行投资二分之一以上并改组管理层，赵晋卿为董事长，屠律劲为总经理，高莲荪为经理。该公司之董事半数以上由交通银行派员担任，“其资金之雄厚不言可喻”。一面建屋购车，一面向沪闵南柘长途汽车公司交涉续约。对方的理由是前订租约内最后两年之路权曾为日寇侵占，故而，应“再补足两年行车权利。”李方面认为之前的租约已明确说明“无论天灾人祸交通阻梗租约仍继续有效”，如今10年期满“何得妄占他人营业权利”？并指责对方对沿路车站房屋不加保管，又不加赔偿。为此双方争吵不休。李宗武在1949年9月8日呈送给市有关方面的文件中对此描述十分详细，也表达了强烈不满。但上海方志上所记载的却是另一种说法：当时，沪闵线上的沪闵运输行借地方势力将行名改为沪闵长途汽车公司，赶在交通公司复业前经营沪闵线客运业务。交通公司虽经争辩，但被迫屈就于沪闵长途汽车公司的势力，于民国三十六年（1947）3月由沪闵南柘公司、交通公司、沪闵长途汽车公司订约组成长途汽车线交通联营处。沪闵南柘公司提供路权、交通公司和沪闵长途汽车公司各提供车辆。合约规定交通公司、沪闵长途汽车公司行车权各半，沪闵南柘公司在两公司营收入中提取租金一成，有限期至民国三十七年（1948）11月止。

在李宗武的呈文描述中，是交通公司方面的赵晋卿多次托人说项，并表示会负责相关赔偿，同时（前）公用局又限期通车，这才"逼不得已勉允续租二年。"此后双方合作并不开心，"时起冲突斗争达半载之久"、"租金时有无着之虞"，为此李宗武所代表的沪南方董事会曾向主管当局申诉。

1949年5月27日，上海解放。8月，华东财经接管委员会公路运输组接管交通公司。此时，沪闵长途汽车线交通联营处无形解散，同年9月起改为沪闵宝线营业所。1953年起徐闵、漕宝两线划归江苏省苏南汽车运输公司经营。

而此时李宗武已身陷囹圄，作为国民党军官，且担任过国民政府公职，他被人民政府判处五年劳教。

1957年李宗武被释放后，寻机向市有关部门走访，申诉。他奔波在市人民委员会来信来访处、市公用事业局等单位，声称：原沪闵公司所有之公路、路基、桥梁、涵洞，及沿线树木、站房产权尚未处理，要求按松江县交通运输局以前的批示办理归公手续。开始是要求无偿归公，以后陆续又

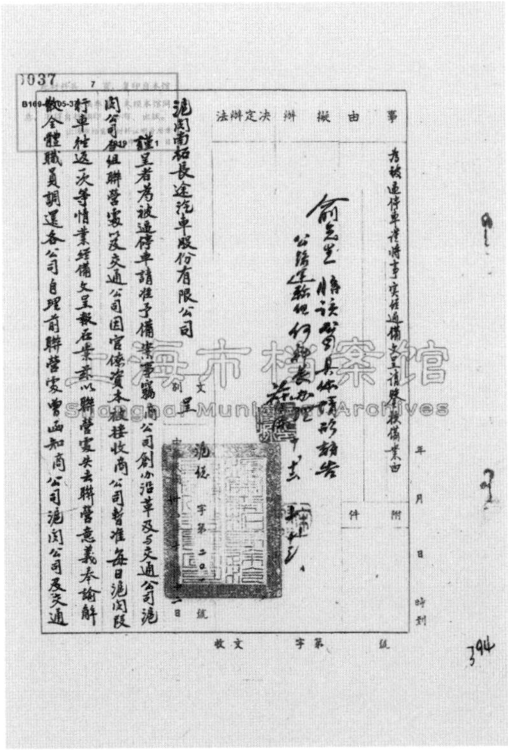
滬閔南柘長途汽車股份有限公司
謹呈者為被迫停車請准予備案事竊商公司創办沿革及与交通公司滬
閔公司合組聯營處及交通公司因官僚資本被接收商公司暫准每日滬閔段
行車往返一次等情業經備文呈報在案茲以聯營處失去聯營意義奉諭解
散全體職員調還各公司自理前聯營處曾函知商公司滬閔公司及交通

1949年10月12日，李宗武关于沪闵南柘汽车公司被接收后的申诉材料（上海市档案馆影印件　局部）

至市人委等部门，无偿归公也陆续改为有条件的公私合营了。直到1965年，他要求将前沪闵公司办理登记手续的五万元股权作为合营资本，发给定息，本人则由政府安排工作。

在市人委公用事业办公室主持下，会同市城建局、市公用事业局一起作了调查研究，并作出相关处理决定。

市公用事业局最终给出结案处理意见：对于李要求处理公路等产权问题，根据中央已确定的原则和相关精神，“对李的路权等处理，可以作为无偿归公”。

至此，沪闵路的路权、经营权与李家再无关系。

乘着徐闵线去上海

在三四十年前，上海的交通并不发达，地铁轻轨还没投入建设，私家车更是无从谈起。作为一个老闵行人，如若“去上海”，徐闵线几乎是唯一的选择。

而提起这条连接徐汇和闵行的徐闵公交线路，不要说闵行人，就连许多上海市民都非常熟悉。在20世纪80年代中期和90年代初期，我因要到徐家汇参加高复班，及后来在黄陂南路上的报社实习，也几乎每天要同徐闵线打交道。早出晚归，风雨无阻，至今印象深刻。

我们老闵行人把到市区习惯性地说成“去上海”，这是一种潜意识的行为，因为无论是当时的上海县或闵行区，总是归类为郊县，在市区人眼

20世纪20年代沪闵线公交行驶在沪闵南柘路上（视频截图）

20世纪90年代位于肇嘉浜路“六百”对面的徐闵线终点站（资料图片）

20世纪80年代SK670铰接式公共汽车样式，也被称为巨龙车（资料图片）

里，我们就是“乡下人”，心中虽有不甘，却也不可否认，而徐闵线是我们联结市区的纽带。如今，这条连通老闵行与市中心区的线路已有60年的历史，若按人的年龄计算，算是步入了耳顺之年。纵观徐闵线的交通线路，它贯穿了整条沪闵路。对于沪闵路来说，徐闵线是连接徐家汇、梅陇、莘庄、颛桥以及老闵行几个重要节点的公交动脉；而对于徐闵线来说，沪闵路则是记录它一个甲子历史的重要载体。

前身属于沪闵线

如果追根溯源，徐闵线的前身自然是沪闵线。沪闵线试运营于民国十一年（1922）。在沪闵南柘路沪闵段全面竣工后，于次年元旦举行了隆

早期的沪闵南柘汽车公司客车（资料图片）

重的通车典礼，这也宣告，“沪闵线”正式通车运营。

沪闵线最初的线路自上海南市国货路至闵行镇，沿途设立土山湾、漕河泾、新龙华、惠灵中学、长桥、钱粮庙、梅家弄、朱家行、翁板桥、颛桥、北桥、长安公墓站。全程票价0.8元（银圆），客车13辆，每日来回行驶11班。不久，因上海市区至闵行、平湖、湖州等地各轮班客运，在闵行竞相贬价揽客，全程票价最低降至0.3元（银圆），汽车公司管理又不善，营运时续时断，公路客运萧条。1927年，决定出租自筑的沪闵线路段，开创上海长途汽车客运业出租路权的先例。次年又和曾经代理北洋政府交通总长的高恩洪等正在筹建的交通服务公司订立《路线路权租赁合同》，有关沪闵线的通车行业均转由交通服务公司出面，仍保留沪闵南

滬閔南柘長途汽車公司行車時計暨客票價目表

上午				下午				
八時	九時	十時	十一時	一時	二時	三時	四時	(五)(時)

五時班車自四月一日起開駛十月底止
以上時刻上海閔行同時開行

(一) 包用大客車以乘座三十三人爲限其車費按照三十三人客票計算
(一) 包用車輛不得中途分程下車
(一) 包車除車費外每次另收酒資洋一元
(一) 其他事項悉照乘客須知辦理

		上海	土山灣	漕河涇	惠靈	吳家巷	錢糧廟	顓橋	北橋	長安
土山灣	客票	二角								
	包車	六元六角								
漕河涇	客票	二角五分	一角五分							
	包車	八元二角半	四元九角半							
惠靈	客票	三角	二角	一角五分						
	包車	九元九角	六元六角	四元九角半						
吳家巷	客票	四角	三角	二角五分	一角五分					
	包車	十三元二角	九元九角	八元二角半	四元九角半					
錢糧廟	客票	五角	四角	三角	二角五分	一角五分				
	包車	十六元五角	十三元二角	九元九角	八元二角半	四元九角半				
顓橋	客票	六角	五角	四角五分	四角	三角五分	二角五分			
	包車	十九元八角	十六元五角	十四元八角半	十三元二角	十一元五角半	八元二角半			
北橋	客票	七角	六角	五角	四角五分	四角	三角五分	一角五分		
	包車	二十三元一角	十九元八角	十六元五角	十四元八角半	十三元二角	十一元五角半	四元九角半		
長安	客票	七角五分	七角	六角	五角	四角五分	四角	二角五分	一角五分	
	包車	廿四元七角半	二十三元一角	十九元八角	十六元五角	十四元八角半	十三元二角	八元二角半	四元九角半	
閔行	客票	七角五分	七角	六角	五角	四角五分	四角	二角五分	二角	一角五分
	包車	廿四元七角半	二十三元一角	十九元八角	十六元五角	十四元八角半	十三元二角	八元二角半	六元六角	四元九角半

沪闵南柘长途汽车公司行车价目表（资料图片）

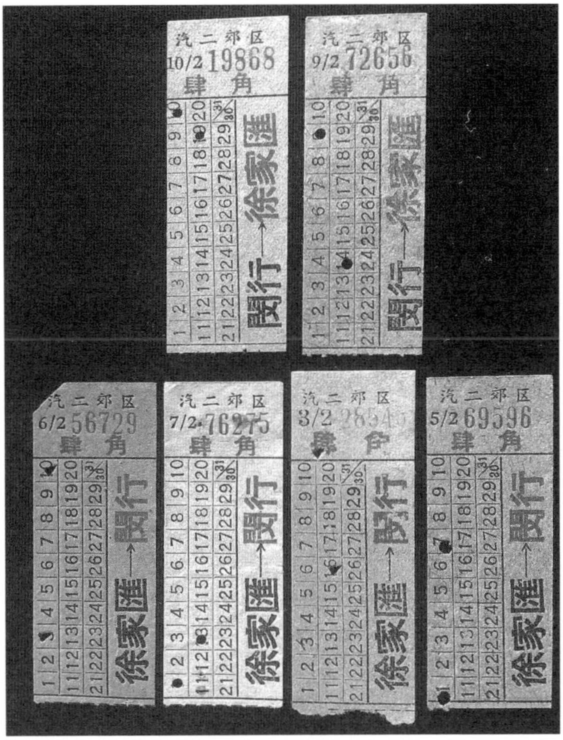

20世纪60、70年代徐闵线车票（陈寒松提供）

柘公司的牌子。1929年，交通服务公司以租办交通公司名正式成立，接办沪闵南柘公司的沪闵路长途汽车运输业务。添置12辆大客车。闵沪间每日对开9班，按原票价7折收费，全程0.56元（银圆），乘客增加。第二年，全年行程27.4万公里，乘客18.4万人次，营业收入9.1万元（银圆）。1931年，恢复原票价。1933年4月，租办交通公司与上松长途汽车公司联营上海至松江直达快车，于北桥换车。

1936年，租办交通公司沪闵路营业收入16.4万元（法币）。沦陷期间，沪闵路交通为日商"华中运输股份有限公司"把持。1947年，沪闵路由沪闵南柘长途汽车有限公司、租办交通公司与沪闵公司联营的沪闵长途汽车联营处客车运行。1949年4月1日，由上海市出租汽车公司接办，1949年5月，“联营处”解体，租办交通公司由华东财政委员会运输部公路管理局接管，沪闵路客运由苏南运输公司沪闵宝线营业所运营。1953年，沪闵南柘长途汽车有限公司破产，沪闵线客运归苏南运输公司专营。

人山人海徐闵线

1959年，沪闵路改道竣工（当时称复线修筑），于是原龙华—华泾—颛桥段的部分老公路便改称为老沪闵路。由于当时闵行正在大力建设国家卫星工业城，像上海汽轮机厂、上海电机厂、上海锅炉厂、上海重型机器厂这些企业都号称“万人厂”，而许多职工的家都在市区，为了解决他们从闵行至市区的上下班交通问题，徐闵线便应运而生。9月5日，徐闵线正式通车运营，其最初走向是由徐家汇至位于闵行华宁路附近的上海电机学校（现为电机学院）。起自徐家汇，沿途设漕河泾、西牌楼、梅陇、莘光小学、莘庄、春申桥、徐家湾桥、颛桥、精神病院、北桥、畜牧场、剑川路、轴承厂、一号路等站，终至闵行轮渡，全程票价0.4元。全程运行50分钟，15分钟一班，日对开80余班次，日客流量8万余人次。1983年，增设21点后夜班车3班次，1小时一班。1984年有17辆67型转盘铰接式大客车（我们称之为巨龙车）运行。于沪闵路运行的还有沪金线、沪卫线、莘吴线、莘车线、闵吴线、闵松线以及50路、218路等8条公交线路客车。

当时，连接闵行和市区的公交线路只有徐闵线一条，但在闵行地区的四家超大型工厂，每周有几万名职工需要往返于两地，所以当年的徐闵线真叫一个挤，人真叫一个多。尤其是到了20世纪80年代中期，闵行经济技术开发区建成投用，人流更是密集，里三层外三层地排队成为常态。早上候车的队伍起码能排到100米开外，乌压压的一片，买到票后能挤上车的绝对都是身经百战的人。“我们每天早上都得组织年轻团员‘推屁股’，也不管前面被推的是谁，推了再说，因为不推他们，压根挤不上去。”这是一个徐闵公交线路管理员所描述的场景，倒是十足应了那句“人潮人海中，有你有我”。

在20世纪八九十年代时，徐闵线市区终点站还设在肇嘉浜路天钥桥路口，候车室内总是人满为患，有时队伍还要排到外面的马路上。人群缓慢挪动，几乎要排上近一个小时才能坐上车。那时徐闵线还分为直达车、大站车、普站车，对笔者这些要乘到老闵行终点站的人来说，碰到大站车是十分开心的事，这意味着可以节省不少时间，而如果是站站停，就有点不爽了，一路十几个站点，开开停停是十分折磨人的事，而且沿路乘客会越来越多，越来越挤。如果运气好的，碰到直达车，那无疑是中了大奖，可以笃笃定定一路从徐家汇睏到老闵行。

这样的公交线路，当然会发生不少趣事，也有让人哭笑不得的。那个年代，蛋糕是件稀罕物，恰逢家里人过生日或办喜事才会坐车去市区买个蛋糕。回闵行时，很多人提着蛋糕宝贝了一路总算上了车，但因徐闵线十分拥挤，驾驶员在关车门时，经常不小心挤坏蛋糕而遭索赔。每每遇到这种事，无论是驾驶员还是乘客，那种郁闷无从谈起。

相伴相依几代人

线路因人而设，60年来与徐闵线相伴相依的是几代人。

现在的徐闵线公交站点（资料图片）

在我印象中，当年的徐闵线驾驶员，开起车来都是很“野蛮”的。甚至于有人称之为“强盗车”。它在莘庄和颛桥这样的大站经常要停好久拉乘客，但是一旦开起来就很快，目的是为了把之前等候耗掉的时间补回来。以至于当年还流传着徐闵线的两个“神话”：一个是有一次徐闵线司机飙车时车轮竟然着火了；另一个是徐闵线刹车的时候，一个乘客把那根直的铁扶手拉弯了……这种情形我没亲眼见到过，但有一天晚上，我在沪闵高架上倒是看到一辆徐闵线公交车拉着满满的一车乘客飞驰。估计是“脱班”了，就从地面开上了高架，想把时间抓回来。

20世纪80年代的肇嘉浜路（资料图片）

我的同事去年在纪念改革开放40周年时，曾采访过一位徐闵线的老乘客。20多年前，这位姓薛的先生天天乘坐徐闵线往返于市区和闵行，徐闵线的“月票难求”曾让他苦不堪言。20世纪70年代，薛先生为了妻子上班便利，便将家从徐汇搬至闵行，但自己任职的学校仍在徐汇区，每天依旧得和徐闵线打交道。“刚搬来闵行的那些年，工资大部分除了上缴给老婆外，就是交给了徐闵线。”薛先生打趣道。由于当时实行多级票价，最贵的0.4元，最便宜的0.1元。薛先生每天购买的便是距离最远、价格最高的那档0.4元的，一个月25个工作日算下来得花费20元。“现在看来，20元不算什么，但在当时，个人的平均工资才40元，一年12个月的车费算下来，已经是一笔不小的开支了。”

1986年购票实行部分月票制，徐闵线月票15元，相比之前，能省下不少钱，所以人们竞相抢购月票。不过如果没有熟人或相关关系，是根本排不上的。物资匮乏的年代，买张月票都难，放到现在真的无法想象。

后来，随着客运交通线路的增多，各种中巴投入到徐闵线中，同时，轨交1号线和闵行境内5号线又陆续开通，以及沿线大量住宅区的建成，乘客也逐渐从长途直达乘客为主变成了短途换乘乘客为主，票价连续调整多次，最终定价在2元，将近人均工资的千分之一，这才让票价真正平民化。

目前的徐闵线自肇嘉浜路高安路至沪闵路江川路，途经徐家汇、漕

如今的徐闵线公交车辆（林言　摄）

河泾、上海南站、锦江乐园、莘庄、老闵行等客流集中地区，单程1个半小时，全程近30公里。车辆也从巨龙车换成了普通公交车，直到目前使用的申沃空调车。但依然还是闵行往徐家汇方向头班车最早、末班车最晚的线路，甚至到了半夜，还有一小时一班的徐闵夜宵线。

时代在变，徐闵线也在变。变的是内涵，不变的却是那个熟悉的"代号"。根据上海市公交管理规定，以文字命名的公交线路名将变更为数字线路名。虽然自从有了私家车后，算起来我已经有20多年没乘过徐闵线了，但关于徐闵线，总有些割舍不开的情感，因为它伴随了闵行几代人和闵行的成长。每天上下班，我开着车走着沪闵路上，不时与繁忙的徐闵线擦肩而过，总不由得会怀念起当年的情形：排着队耐心的候

1985年，徐闵线位于徐家汇的起点站（资料图片）

如今的徐闵线终点站——闵行汽车站（林言　摄）

车；车来了一拥而上抢座位；巨龙车摇头摆尾哐哐地沪闵路上狂奔，而我则打着瞌睡，口水流了一地。快进站时，卖票员把手伸出车窗外摇着小三角旗喊着：

快快快，

去莘庄、颛桥、老闵行，

站站停，

走了走了，马上开了。

……

一路芳华

一位做律师的朋友对风水之说颇为投入，老早以前他就说，有风水大师给他测事业，让他在沪闵路沿线择址做事，这是他的财位线，如此才会顺利。我当然笑他迷信，现在所谓的大师有几个不是诓人的？他同则辩白，佐证风水的科学性，又说自己读高中时在闵行中学，大学毕业工作又在莘庄，换了几家单位，如今单位的确还在沪闵路边上，且这些年都做得顺风顺水，拥有了自己的律师事务所。

粗粗听着有几分道理，可细想之下又有点哑然失笑。沪闵路作为上海市区连通闵行的主要干道，其实与大多数闵行人，尤其是莘庄、颛桥、江川地区的居民，无论在生活、工作、学习上都有着千丝万缕的关系。最

20世纪20年代的沪闵路（视频截图）

重要的是，沪闵路对我们而言，已不仅仅是条路那么简单，它留下了我们少年不知愁滋味的足迹，也目睹了我们一路芳华的青春岁月，更让我们见证了沿线街镇从阡陌相连的落后乡村，向品质卓越生态宜居现代化新城区迈进。

20世纪70年代的沪闵路（资料图片）

百年沪闵路，它的历史包括了之前的沪闵南柘路，现在的老沪闵路。而1958年截弯取直修筑、并于1959年9月通车的沪闵路，对闵行人来说有着更为深刻的印象。风雨60年，整整一个甲子，也承载了几代人太多的记忆。

20世纪50年代，我国第一个发电设备制造基地在如今的老闵行地区（江川路街道）建成，这是新中国的第一个卫星城，新中国能源装备产业

20世纪80年代的沪闵路（资料图片）

20世纪80年代沪闵路华坪路以南段（唐世杰　摄）

也从这里起步。入驻此地的上海汽轮机厂、上海电机厂、上海锅炉厂和上海重型机器厂四家重工业企业被誉为“共和国长子”，而本地人则亲切地称之为“四大金刚”。“四大金刚”在佛教中又被称为四大天王，神通广大，法力无边。这4家企业员工大都在上万人的大厂能被人们尊称为“四大金刚”，足以表明它们在那个百废待兴年代的特殊地位。

城市建设、企业发展当然离不开交通和运输。而当时的沪闵路（即沪闵南柘路沪闵段，现在的老沪闵路），基础是煤屑路，且不够宽，是无法承担闵行机电工业的发展需要的。这一点上海市有关部门早就意识到。在上海市档案馆里，我查到一份1958年8月6日，由上海市规划院呈送给上海市建设委员会的关于《沪闵路复线选线的报告》，报告称：“沪闵路现状路面7米，路基约在10米左右，若在原有路基上拓宽，全部路面必须重新翻修，势必阻塞每日繁忙的交通运输任务。”但“闵行是上海市的卫星城市，又是今后的机电工业主要基地，交通运输量必将日益增加，原有沪闵路已不能满足要求，为了适应目前及今后日益增加的交通运输要求，必须加强这条路线运输能力，故有开辟复线的必要”。

规划院认为，开辟复线除须征用较多土地外，具有如下优点：（1）施工比较方便，能够保证不影响每日繁忙的交通运输任务；（2）原有路面仍可充分利用；（3）部分路线可以截弯取直，提高车速，改善运输条件。同时报告中还提出了选线原则：沪闵路由闵行经北桥、颛桥与市区中山路环路相衔接，然后通过衡山路，肇嘉浜路等干道通向市区各地：（1）原有路线适当截弯取直，加大转弯半径，提高车速，改善交通条件；（2）根据原有高压线的位置，做到少搬迁，以免妨碍输电，影响生产；（3）尽量少拆迁现有村庄房屋；（4）尽量使桥位与河面正交，或利用原有桥梁。

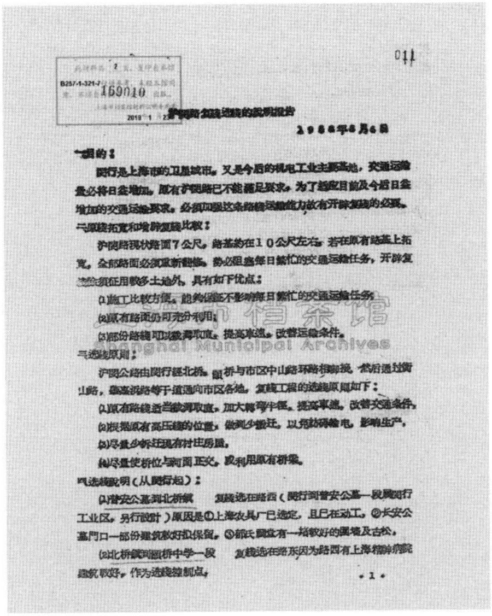

011

B257-1-321-7　169010　2018 1 23

沪闵路复线选线的说明报告

1958年8月6日

一、目的：

闵行是上海市的卫星城市，又是今后的机电工业主要基地，交通运输量必将日益增加，原有沪闵路已不能满足要求。为了适应目前及今后日益增加的交通运输要求，必须加强这条路的运输能力，故有开辟复线的必要。

二、原线拓宽和增辟复线比较：

沪闵路现状路面7公尺，路基约在10公尺左右，若在原有路基上拓宽，全部路面必须重新翻修，势必阻塞每日繁忙的交通运输任务，开辟复线除须征用较多土地外，具有如下优点：

(1)施工比较方便，能够保证不影响每日繁忙的交通运输任务；

(2)原有路面仍可充分利用；

(3)部份路线可以裁弯取直，提高车速，改善运输条件。

三、选线原则：

沪闵公路由闵行经北桥、颛桥与市区中山路环路相联接，然后通过衡山路，肇嘉浜路等干道通向市区各地，复线工程的选线原则如下：

(1)原有路线适当裁弯取直，加大转弯半径，提高车速，改善交通条件，

(2)根据原有高压线的位置，做到少搬迁，以免妨碍输电，影响生产，

(3)尽量少拆迁现有村庄房屋，

(4)尽量使桥位与河流正交，或利用原有桥梁。

四、选线说明（从闵行起）：

(1)营安公墓到北桥镇　复线选在路西（闵行到营安公墓一段属闵行工业区，另行设计）原因是①上海农具厂已选定，且已在动工，②长安公墓门口一部份建筑较好拟保留，③郁氏墓旁有一块较好的围墙及古松，

(2)北桥镇到颛桥中学一段　复线选在路东因为路西有上海精神病院建筑较好，作为选线控制点，

·1·

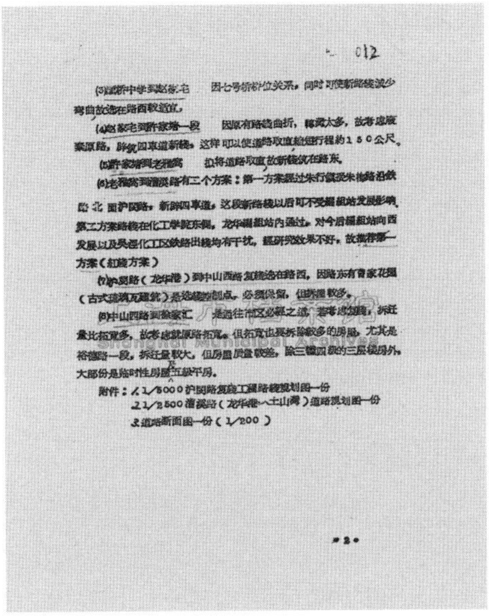

012

(3)颛桥中学到赵家宅　因七号桥桥位关系，同时可使新路线减少弯曲故选在路西较适宜，

(4)赵家宅到许家塘一段　因原有路线曲折，转弯太多，故考虑废弃原路，辟筑四车道新线，这样可以使道路取直缩短行程约150公尺。

(5)许家塘到老港窝　拟将道路取直，故新线筑在路东。

(6)老港窝到漕溪路有二个方案：第一方案经过朱行镇从朱梅路沿铁路北面沪闵路，新辟四车道，这段新路线以后可不受编组站发展影响，第二方案路线在化工学院东侧，龙华编组站内通过，对今后编组站向西发展以及吴泾化工区铁路出线均有干扰，经研究效果不好，故推荐第一方案（红线方案）

(7)沪闵路（龙华港）到中山西路　复线选在路西，因路东有曹家花园（古式琉璃瓦建筑）是选线控制点，必须保留，但拆迁较多。

(8)中山西路到徐家汇　是通往市区必经之道，若考虑复线，拆迁量比拓宽多，故考虑就原路拓宽，但拓宽也要拆除较多的房屋，尤其是裕德路一段，拆迁量较大，但房屋质量较差，除三幢四级的三层楼房外，大部份是临时性房屋及五级平房。

附件：1. 1/5000沪闵路复线工程路线规划图一份
2. 1/2500漕溪路（龙华港—土山湾）道路规划图一份
3. 道路断面图一份（1/200）

·2·

沪闵路复线选线报告（上海市档案馆影印件）

最终市建设委员会采纳了规划院的意见，并报市人民政府通过，着手沪闵路复线的修筑。

1959年9月，在国庆十周年之前，沪闵路改道竣工，沿途经漕河泾、梅陇、颛桥等地区，最后抵达老闵行。原有沪闵路（市区到颛桥段）改名为老沪闵路，而与此同时，闵行一号路（即现在的江川路部分段）也建设完成。这条被誉为“中华香樟一条街”、“闵行淮海路”的道路，是10万建设大军和周边居民一起日以继夜，仅用78天铺出了比当时的南京路还要宽两尺的柏油大道，还建造出沿街10余栋主建筑和商业设施，包括著名的闵行饭店、闵行百货商店、闵行剧院等。这些建筑，主要是为了解决城镇中的大中型企业职工住房和生活配套问题。1号路建成后的几年间，党和国家领导人、海内外著名人士纷纷到访。当年闵行饭店的六楼阳台是

放眼闵行卫星城的最好瞭望台，可以把工业新城尽收眼底，凡是领导人、外宾一般都会上去，纷纷惊叹于这里的建设奇迹。

路是没有生命的，但走久了就有了故事，有了温度，有了难以莫名的情感。

对于生活在沪闵路沿线或经常从沪闵路经过的人来说，沪闵路在他们心目中的印痕是深刻的。家住莘庄的本地人邵嘉敏先生就曾在他的文章《我眼中的悲欣沪闵路》中这么写道：“起始筑路时，祖父母、父母辈都是出过力流过汗的。通车时，我就作为首批行人涉足了。从小学一年级到六年级，就是每天沿着它走去上学的。直至上中学，也是骑着自行车顺它而去的。每逢寒暑假，边做作业干家务，边看着它车来车往。闵行大厂的巨龙交通班车；满载货物的运输车；还有拉着警笛呼啸而过的消防车、救护车、警车；更见过当时轮子最多且全国唯一的平板车装载着叫不出名的大型构件……有时夜里，被隆隆的轰鸣声惊醒，起床看，是浩荡的军车、炮车队伍。我们还曾目睹一代伟人毛泽东、朱德、周恩来、宋庆龄等乘坐的车队缓缓过往……”邵嘉敏记得当年从中学毕业回乡务农，因生产队的土地就在沪闵路两侧，故每天干活必穿越或走上一段。骑车、拖车或驾小拖拉机，到粮站交售稻麦粮、交售油菜籽，到棉花收购站交售棉花，到药材公司交售红花、菊花、川芎等药材，到市区出售瓜果，到漕河泾、宜山路、龙华拉回猪饲料，到生产资料部买回化肥、农药……每逢农忙季节，把公路当晒场，时令紧张时甚至直接把麦秆摊上公路，让来往的车辆充当脱粒机。

而当年作为知青曾插队入户到原上海县北桥公社的著名作家彭瑞高曾回忆道：“几十辆大客车浩浩荡荡开过沪闵路，把我们这些知青送到北

位于颛桥镇沪闵路老沪闵路口的沪闵南柘长途汽车模型（资料图片）

桥。队长骑着自行车在公社大院等我，驮上我继续沿沪闵路南行，踅进一条弯弯曲曲的土路，一直骑到黄浦江边，那里便是我这辈子永远惦记的小村。”后来彭老师被抽调到县委，继而又到市委宣传部工作，但虽“在外工作多年，一直牵挂着沪闵路。它两侧的大樟树，是我心中的绿荫。三十年来，它是上海变化最大的老路之一：衔接沪杭高速，建起莘庄立交；开辟全市最漂亮的绿化带，拓建全市最长的自行车道……上海第一条地铁开始与沪闵路北段并行；接着，轨道五号线又与沪闵路南段相伴；沪闵高架落成，沪闵路像生出了双层飞翼……”。他深情地说道：沪闵路伴我度过了大半生。它印下了我青春的足迹，现在又接纳我飘散的白发。

而同样感怀的是40多年前原在老闵行企业中工作过的郑宪先生，高考恢复后他进入了大学，毕业后成为《解放日报》科教部的一名记者。去年，他在报上发表了一篇名为《我们的芳华，在沪闵路上回响》的回忆文章，记述了他们那个年代火热的青春。他写道：“40多年前，来回四车道的沪闵路就呈现在我们面前，笔直延伸，开阔平坦，路边15米一间隔的亭亭香樟，如受阅的士兵整齐排列。沪闵路两边，一片片规整农田，大河小湖，是农人的劳作舞台。春天闻香甜，秋天见果实，收割的男女农民，朴实而沉醉的脸。那年，我在老闵行学徒工满师，想买辆自行车，在沪闵路上骑驰。其时父母负担重，日子紧巴，家里已有一辆车，父亲在骑。结果父亲无奈退让：‘你骑，我上下班走路。’我听之，竟心中窃喜（恕我少

如今的沪闵路（资料图片）

不更事）。那天起，我便骑上父亲七成新的自行车，从徐家汇到老闵行工厂，春风得意马蹄疾：沪闵路，我来了……”在郑宪眼中，那时的沪闵路，除壮阔美丽，又是一条灰尘漫天充满噪音的路，大小拖拉机横冲直撞。只是当年浑然不觉，倒是认为，一切缘于勃勃生气，连撞鼻而来的汽油柴油味也香气提神。突突突的拖拉机，是当年沪闵路上一道风景。有小型手扶拖拉机，也有带正式驾驶座位的大中型拖拉机，从一条条乡间机耕道驶入沪闵路，嘶吼着，冒着滚滚黑烟黄烟，驶过你跟前，湮灭你的说话声。不反感，非但不反感，还去“拥抱它”：跟上，猛骑，再果断伸出一手臂，手指手掌迅疾握住拖拉机后车身的边缘一角，便搭上了“贫下中农”的顺风车。如此，腿脚不用骑蹬，车已加速往前。这行为，危险，但节省体力，爽。

郑宪老师还说，40多年前工作在工厂，骑行在沪闵路，生活在一号路，有赳赳之气。想到当年两句话：到了上海不到闵行，等于没到上海；到闵行不去看“四大金刚”，上海白走一趟。

郑宪老师退休后，也是多次重走沪闵路，并到老闵行回访，写下了不少文章发表。我还曾寄给他几本闵行的文史书籍，以便他参考。他感慨道，今日驱车重走沪闵路，农田稻浪已不见，油菜花了无踪影，成林的桃花不再摇曳，拖拉机行驶的耕道无处寻觅。历史留下了沪闵路，照单全收地保留了它的长短宽窄，但路两边，不见初始的景致。

一路芳华沪闵路，让人是如此念念不忘。

“堵”点

每逢新春佳节的这段时间，对“魔都”的驾驶员来说无疑幸福感爆棚。平日里的滚滚车流不见了，再也不用为堵车烦心，真有种天地广阔任我行的感觉。

堵车是城市一种通病，越是发达的城市，它的堵似乎越加严重。记得上海世博会举办时，提出的口号是“城市让生活更美好”，城市发展的目的是为了让人们的生活更便捷，更宜居，可也带来许多负面影响。比如堵车。

1997年的沪闵路梅陇段拥堵场景（资料图片）

沪闵路作为上海西南地区的主干道之一，毫无例外的这个"堵"字多少年来也与之如影随形。虽说这几年市政建设快马加鞭，与沪闵路平行的路越修越多，如虹梅南路、莲花南路、S4高速、中春路、嘉闵高架等，分流了大量车辆，但道路建设速度还是赶不上车辆的增长速度，"堵点"没见下去，反而新增不少。就从沪闵路南段说起吧，剑川路这里绝对算一个，在早高峰段由西向北左转，过一个路口等三、四个红灯是平常事；再往北，北桥一段也是，周边岔路太多，还有轻轨车站；到颛桥镇路口还好，就是等红灯的时间长些。不过再走下去，到金都路、银都路都会遇到塞车现象；而莘庄镇闵行区政府这里，有时也会行车不畅。再下去就是近报春路段，地面和沪闵高架开始分流，拥堵时有发生。而往东就会经过莲花路口、虹梅路口，因南北干道车流密

沪闵路莘建路口的地道，每到上下班高峰期，堵依然是常态。（林言　摄）

集，东西走向沪闵路总被累及。到桂林路、柳州路一段，这里是新老沪闵路交汇处，南侧有铁路上海南站，北侧是居民和商务区，也没见顺畅。

总之，工作日期间，尤其是早晚高峰开车走沪闵路，绝对要练成一腔好脾气，否则开不多久，你就会变成路怒族。堵点形成，不光是车辆多的缘故，更有不少是不按规矩开车的司机造成的。加塞、随意变道，让原本不顺畅的道路越加举步维艰。我住老闵行，有段时间工作单位在莘庄，上班如果恰恰在高峰时段，10公里路起码要跑上50分钟，遇到下雨天，一个小时是最起码的。试想，倘若生活在老闵行，工作在徐家汇，这20多公里的路，通勤压力该有多重？沪闵路有数十条支路，红绿灯无数，就算不堵车，一路信号灯都要把人耗死，把人搞得没脾气。

1995年通车不久的沪闵路高架北段（陆杰　摄）

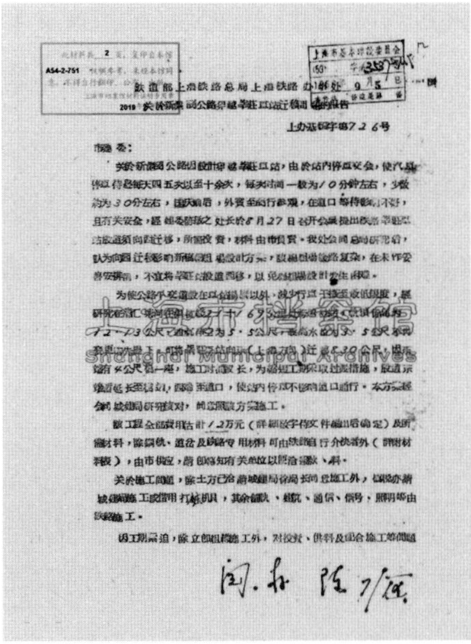

铁道部上海铁路总局上海铁路办事处

关于新沪闵公路穿越莘庄站迁移道口的报告

上办运(59)字第726号

市建委：

关于新建沪闵公路设计穿越莘庄站，由于站内停车交会，使汽车停车待避每天四五次以至十余次，每次时间一般为10分钟左右，少数为30分左右，国庆前后，外宾至闵行参观，在道口等待影响不好，且有关安全，[illegible]处长于8月27日召开会议提出[illegible]

[illegible]

该工程全部费用估计12万元（详细数字待文件[illegible]）[illegible]

[illegible]

请即批示各有关单位，以便立即进行治办。

当否　请指示

1959年9月5日

抄报：中共市委农村工作部　交通工作部　上海铁路总局

抄送：上海市城建局　规划设计院　河道局　上海县　港务局

1959年9月，关于新沪闵路穿越莘庄车站迁移的报告（上海市档案馆影印件）

不过我今天要讲的是沪闵路曾经有过的一处经典“堵点”——那就是位于莘庄莘建路南首的沪杭铁路沪闵路道口。

这个堵点，断断续续竟持续了近50年，也算是历史够悠久的。

1958年，上海市因建设闵行工业卫星城，市规划院作出了徐家汇至漕河泾及颛桥至闵行首尾两端道路拓宽改建规划。中间段，漕河泾经莘庄至颛桥为新建。这中间段新路，实际上截弯取直改经莘庄镇，所以莘庄镇成为最大的受益者。

莘庄原本设有沪杭铁路莘庄站，建于清宣统元年（1909）。建设沪闵路时，莘庄站被规划在了路西侧，但此处的铁轨与路面是平交道，市城市建设局等单位在沪闵路选线时就发现，这段新筑道路将穿越莘庄站，且正好在车站扬旗范围内，每逢列车到达或通过均需封闭公路交通。而每次货车留站等候交会，即封闭15分钟以上，“日必数次”。个别情况下等待新龙华站（即如今的上海南站）列车调度封闭时间可达二、三小时，于是选线定案时，曾建议铁路局将莘庄车站向西移500米，这样即可避免列车压道情况，列车通过每次封闭仅三五分钟，不影响新沪闵干道交通。可事实上，等这段沪闵路筑好，行将通车之际，车站还未西移，连改善措施都没有拿出。

经过与铁道部上海总局上海办事处紧急磋商，铁路方面认为，“国庆前后，外宾至闵行参观，在道口等待影响不好，且有关安全”，但如果西移，会影响松江新桥编组场设计方案，该编组场线路复杂，所以在未作妥善安排前，不宜将莘庄站股道西移。为此将“莘庄站向东（上海方向）迁移830米”才是最好的解决办法。如此站内停车才不会影响道口通行。

这个方案经会同城建局研究核对，得以实施。该工程全部费用设在12万元左右，所需材料，除钢轨、道岔及铁路专用材料由铁路方面自行解决外，其他的则由市里提供。

于是莘庄站的西移计划最终变成了东移方案。莘庄站最后东移的地点就在现在的轨道交通莘庄站处。

我在这里谈这件往事，并不是心存啰嗦，而是想说明当初地方和铁路方面将莘庄站东移，目的是为了避开沪闵路道口的阻塞，但事实上这样的做法是治标不治本。

最早，沪闵铁路莘庄沪闵路道口用的是长毛竹竿，后来升级为铁栅栏，火车驶来栅栏关闭，可谓“一夫当关，万夫莫开”，道口北边就是莘建路，沪闵路东侧的莘建东路是在轨交1号线开通后筑的。稍往北即沪闵路两侧为公交车站，当时西侧现龙之梦这里还有几家企业。尽管当年车辆不算很多，但道口离这里的路口太近，加之火车往来频繁，于是常使往来车辆排成长龙，市政方面所认为的“每次封闭三五分钟，不致影响新沪闵干道交通”最终沦为一厢情愿。我记得在20世纪八九十年代时，每次乘车去莘庄或市区，在莘庄道口被堵上半个小时是再正常不过的事。因为车辆被堵成长龙，好不容易等到这列火车过去，等一部分车辆缓慢通过道口后，又一列火车随之而来，于是道口又被关闭，只能再等。当时新建这段沪闵路是为了适应市区与闵行工业卫星城交通运输的发展需要，可等到1983年闵行经济技术开发区创建，一大批“三资”企业入驻，交通压力骤增，及后到1995年，莘庄工业区成立，沪闵路车流密集程度令人无法想象，而莘庄道口无疑成了一头令人生威的“拦路虎”，成为沪闵路上一处严重的“脑梗”，是众多企业和从市区及北片方向过来的上班族们的梦魇，极大地阻碍了社会经济的发展。

市、区两级政府意识到了这处“堵点”所造成的危害性，于是出面与“铁老大”沟通，希望一劳永逸地解决这个问题，经过多年沟通、协商，终于在2006年元月建成了现在的莘庄铁路道口下立交，从此车辆经过这里再也不用担心须避让火车了。实际上，现在沪杭线上行驶的大多是上海经杭州方向的动车，为了安全，铁道基本上是封闭式的，这样的道口也只能采取这种方式解决。

散去了的“大人家”

李大庚家住老闵行的沧源小区，从沧源路拐到东川路，往西没多远就是沪闵路。每次走在沪闵路上，作为李英石的嫡孙，他总有一种与他人不一样的感觉。

李大庚比较健谈，尤其是说到祖父李英石在辛亥革命上海光复战役的往事时，更是眉飞色舞，滔滔不绝。看得出他对祖父当年在风起云涌的共和时代的所作所为还是蛮自豪的。

“其实这些都是我近几年从旧书和相关资料上了解到的，我出生时，祖父早已过世10多年了，而我的父亲李宗文也从来没有跟我说起过他的事迹。”李大庚说。他出生于1949年1月，李英石去世于1933年11月，所以李大庚说他其实对李英石基本没有什么印象。

在李大庚看来，如果说同祖父有某种沟通的话，那就是在1966年之前，每年清明节时，父亲总会带着家人去普安公墓扫墓，祖父李英石就安葬在那里，他的墓是当时公墓中最大的，面朝西，正对着沪闵路。

李英石是修筑沪闵路的倡议和发起者，为此他呕心沥血，甚至不惜变卖祖产。或许当年，他曾有遗嘱在他过世之后所建之墓面朝沪闵路，让这份念想带到地下，这未必没有可能。普安公墓位于沪闵路江川路附近，建于民国十七年（1928），是当时闵行地区最大的平民公墓，1966年时被平掉了，而后基本荒芜着，直到1988年在原址上建起了闵行公园。现在

闵行公园鸟瞰（资料图片）

这里的门牌号为沪闵路249号。公园东临横泾港，西靠沪闵路，南北分别与闵行中学、上海市荣誉军人疗养院为邻。而荣军院也建在当年的普安公墓地界上，是目前上海唯一一家为革命伤残军人提供长期休养服务的优抚事业单位。

普安公墓平掉时，李大庚家里人都不知道。“那时‘文革’刚开始，形势很乱，人心惶惶的，尤其像我们这种家庭因为祖父李英石的关系，更不敢说话了，墓地平掉就平掉了，祖父的尸骨到哪里去了也不敢去问。”

那时，李大庚刚初中毕业不久，进了位于闵行华宁路上的上海重型机床厂半工半读。印象中父亲李宗文不爱说话，闷声不响，长期赋闲在家不工作，而且喜欢“吃老酒”，结果到了1968年时，也中风了，连走路都不

闵行公园门口的导游图（林言　摄）

利索，一颠一颠的。“因为吃老酒中风，这同我的祖父一样。”李大庚说。

根据李家族谱记载，李宗文应是李英石的长子，但李大庚却说这是有误的。他所知道的是，祖父明媒正娶的是家住马桥镇荷巷桥的顾氏，“也是好人家出来的”，生有三女一子，其中两个女儿为大，幼年时不幸夭折，儿子即为李宗文，剩下的一个女儿李妙华，20世纪五六十年代曾在颛桥中学担任数学教师，晚年定居安徽巢湖。不过当年李英石在南京任职时，又纳苏州女子尤巧英为侧室，并生了两个儿子：李宗武和李宗道。事实上李宗文和李宗武都出生于1912年，但李宗武在前（10月），李宗文在后（12月），两人相差仅为2个月。为什么族谱上会写成李宗文大呢，关键是老早的“大人家”讲究多，李宗文是“花烛”夫妻生的嘛。李大庚这样解释道。

根据老早家族规矩，李大庚称呼李宗武为“虎爸爸”，称呼李宗道为“骅爸爸”，而父亲李宗文跟“虎爸爸”李宗武虽然年龄只差了两个月，但性格完全不一样，一个内向，一个张扬，而且两人走得并不近。“我父亲年轻时是教书的，曾经担任过上海县私立三林初级商科职业学校校长。在1946年时还任过三林中学常务校董。”李大庚说。新中国成立后，李宗文没工作，靠吃老本过日脚，把祖传下来的房子出租给人家，以收取房租养活家人。到了1958年，日脚就不好过了，要接受改造，于是他便出去做临时工，到沙冈桥码头卸砂石，虽是重体力活，但是没办法，要养家糊口只好这样了。而李大庚他那同样之前不做生活的母亲这时也只好出去找工作。“她是去帮人家倒马桶，我那时也是十七八岁的小伙子了，都记得的，爷娘当时都辛苦得不得了。”说起这些往事李大庚有些唏嘘。李宗文夫妇一共生了九个子女，但是最后存活下来只有四个人，李大庚是“阿七头”，他在重型机床厂结束半工半读后，不久“文革”开始，于是被安排到上海劳改局在苏北的大丰农场工作，三年后调到上海建工局当工人，然后又被调到浦东。因为离闵行的家太远，加之爷娘身体不好，于是申请回老闵行，最后落在了上海金属结构厂，直到退休。

在李大庚的印象中，“虎爸爸”李宗武是蛮能干的一个人。“听老人讲，他从小能说会道，能文能武。”李宗武后来的发展同李宗文完全不同，他历任国民政府驻美大使馆随员，还曾在国民党军队中任职，做过第一战区长官部办事处处长，抗战结束后，他接盘沪闵南柘长途汽车股份有限公司，担任总经理之职。因为有在旧政府时期尤其是军队中的经历，在1953年时被人民政府收押，劳教五年。出狱后，他一度为争取沪闵路的路权，向市有关部门申诉，但最终无奈地接受被无偿归公的结果。20世纪60年代，李宗武为上海市政协写了多篇回忆录，记录其父亲李英石在辛亥革命中的功绩，还有关于沪闵路的相关文章。

我在市档案馆找到了好几份当年李宗武用毛笔写的关于沪闵路和沪闵南柘汽车公司的手稿，包括申诉材料，一手小楷写得十分圆润雅正，行文逻辑严密，有理有据，用我们本地话讲，“一看就是肚皮里有墨水的人。”

“搞七捻三！”在接受采访时，李大庚听我说起李宗武当年向市有关方面申诉沪闵路路权的旧事后，一句上海闲话脱口而出，“归公就归公了，还有啥去争的呢，我虎爸爸就是太聪明了，所以后来才‘吃官司’的，唉，老人家的事也不好讲。”他说他父亲倒是从来不会去提这些事。唯一一次还是在1981年纪念辛亥革命70周年时，区里派人来问他关于祖父李英石的一些事情。父亲向区里的人讲了他所知道的关于祖父如何参加上海光复战役、关心地方经济建设、兴筑沪闵路和敏园等情况。

“我父亲就是个老实人，内向，不会摆噱头，他的性格像祖父，很耿直，所以一辈子蹲拉屋里厢，同虎爸爸他们兄弟也不来往，虎爸爸‘吃官司’后的情况我们更加不清爽了，这是上辈人的事体，我们做小辈的也不好讲。老早的大人家嘛，关系有点复杂，当然，加上那些年运动多，啥人都不敢乱说乱动，以免惹祸上身，对哦？”李大庚说。

不过话是这么讲，李宗文同弟弟李宗道倒是有不少来往。“我骅爸爸是做学问的人，虽然他和我爸爸不是一个娘养的，但俩人性格上蛮合得来的。”李大庚为此解释道。李宗道生于1915年1月，早年毕业于南京金陵大学，曾任国民政府行政院善后救济总署农业技工、国立南京临时大学教授。1949年，在上海光华大学任农事实验场场长。1951年，调任湖南农学院教授，苎麻研究所所长。他那时才37岁，是全院最年轻的教授。我查过李宗道的相关介绍，他在20世纪60年代创建了中国也是全球唯一的麻作专业。担任过博士生导师，一辈子著书立说，教书育人，有“当代麻神”之称。

李大庚说，听他父亲讲，骅爸爸从小喜欢花花草草，建敏园时，他10岁还不到，就在那边玩耍边看着花匠们侍弄花草绿植。李园的日本小楼是他委托学建筑的同学设计的，自己还亲身参与布置。虽然后来他到湖南工作了，但经常回上海，回闵行，看看老家的人。李大庚记得，最后一次来闵行时应该在90年代中期，他父亲李宗文已经去世了，而李宗道也已是老态龙钟，鞋带散了也不晓得。李大庚陪他到李园走了一趟，这里是他从小生活的地方。李宗道看着院内的景色好长时间沉默不语，最后说这些房子以前都是自家的，日式小楼也是他出钱造的，黄浦江这块地也是自家的，不过现在回不来了。

李园早在1958年时易主。“是当年‘二奶奶’尤巧英（即李宗武、李宗道之母）主动上交给政府的，然后由政府置换给了当年闵行镇上的叶裕大百货绸布店业主叶氏居住。‘二奶奶’一直跟着小儿子李宗道生活，直到去世。”李大庚说。

旁人不知道的是，李园的特殊意义还在于：民国十年（1921）5月15日，刚届不惑之年的李英石在这里，召集各乡镇头面人物聚会，成立沪闵南柘长途汽车公司筹备处，并商议购地、迁坟、筑路、建桥、设站、购车、招股各项事宜。

若论当年，李家自然是人们眼中的“大人家”，令人羡慕。但世事难料，这个“大人家”终究散了，一切复归平淡。

李大庚说：“有些事体过去就过去了，得想得通。”

车辙行处有人家

田野阡陌，炊烟人家。

梅陇、莘庄、颛桥、江川……一条路，缩短了城乡之间的距离，更串起了原来散落于四方的城镇乡村。

车辙行处，见证着这一方的文明与繁荣；四季轮回，书写了时代的新旧更迭。

漕河泾，离市区一步之遥

沪闵路北端，与漕溪路相接，这也是沪闵路的起始处。跨龙华港的桥即为沪闵路一号桥。

这里属于漕河泾地区。1958年10月起，漕河泾由原龙华区划归上海县，这正是上海市决定在老沪闵路的基础上截弯取直重修一条新沪闵路的时期。当时称为开辟复线，这样可以把漕河泾同莘庄一带直线连起来，以适应正在建设的闵行工业基地今后日益繁忙的交通运输要求。

漕河泾是当时上海县离市区最近的地方，尤其在改革开放初期，它一度成为上海县同市区商贸往来的纽带。那时候上海县许多企业都会在这里设立办事机构、业务联络处。我记得我们马桥一家叫"康美国际"的化妆品企业还在沪闵路靠近康健路这里开了一家大酒楼，对外营业并招待南来北往的客商。上海县物资大厦也建在附近，那几个字高高挂在外墙上，很醒目。直到区县"撤二建一"上海县早已不存在了好多年，那几个字还在，从沪闵路进市区抬眼就能看到。

那时候，我们乘徐闵线，经过漕河泾漕溪公园门口时，就知道马上要到市区了。

漕溪公园又称曹家花园，位于漕溪路203号，离沪闵路不远。始建于民国二十年（1931），是上海棉布商曹钟煌祖茔所在地。园内有仿古式玻璃瓦建筑物、太湖石假山、喷泉及雕刻精细的亭廊。抗日战争时期该园

沪闵路刚开通时，沪闵南柘长途汽车公司设在漕河泾的汽车站（视频截图）

漕溪公园一景（资料图片）

为日军盘踞，损坏严重；后又遭国民党军队驻园内，园景又一次受破坏。为此，长期荒芜，杂草丛生。直到1958年10月，由上海市园林局重建后对外开放，定名为漕溪公园至今。

漕河泾自明正德年间，以米、布贸易成市，因漕河泾港得名。漕河泾港东起龙吴路东漕河庙，通龙华港入黄浦江，西至新泾港，通七宝等地。漕河泾港名曾有多次演变过程。原中市桥石柱刻港名为曹溪，明正德十四年（1519）文学家张梅溪撰张氏墓表称曹乌泾，明万历十六年（1588）张道用撰漕河泾庙碑称漕湖泾。而漕河泾镇则建于明末清初，傍水为街，二里之长，东至隆兴桥，西抵今康健路，分东、中、西三节，盛时商铺林立。光绪年间，轧花业勃起，市面更盛。民国十三年（1924），江浙齐卢战起，镇大部焚毁。因地近徐家汇，又因20世纪20年代沪闵南柘路、蒋教路（今习勤路）辟筑，30年代冠生园等工厂陆续兴建，小镇渐趋繁荣，有商店近50家。抗日战争时期，于1942年一度与龙华镇合称龙漕镇。是年日伪"清乡"，商贩、居民在此集散日伪统制的大米、日用品，米行和皂烛、火柴等日用百货业大盛，米店、摊多达30余户，又有轧花、榨油、面粉、棉纺等工厂、场坊开设。20世纪50年代，镇郊兴建电子工业区和大学区，商市较县内其他镇繁荣。70年代后，镇东设市、县属专业公司多家，成为上海县内主要生产资料物资和批发商品供应地。

在漕河泾镇蒋教路曾经有一处著名的建筑，即江苏第二监狱，俗称漕河泾监狱。监狱于民国五年（1916）初由司法部拨款兴建，三年后落成，占地面积近120亩，犯人最多时达3000多人。该监狱在押犯人大部分是刑事犯，到20世纪30年代以后，陆续关押了不少政治犯，其中一部分是淞沪警备司令部军法看守所（即龙华监狱）所羁押的。如著名共产党人邓中夏、恽代英都曾囚禁于此。20世纪50年代起担任过上海市副市长的李干成，是沪闵路和闵行工业城建设的主持者。民国二十一年（1932），他在进行地下革命工作时因叛徒出卖被捕，也曾在这里度过五年的监狱生活。

虽然漕河泾处于城乡接合部，却反而凸显了它的地理位置优越。作为离市区最近的郊县，上海县主要以农业生产为主，倒是漕河泾因离市区一步之遥，且交通便利，除有利商贸外，这里也成为人们的安居之地。

1984年，漕河泾被划归为徐汇区，同被划去还有地处西郊的北新泾（归长宁），那也是一个不错的地方。

凑巧，去年，我因编辑文史丛书《蒲汇塘》，专门去了一趟漕河泾街道。自松江方向过来的蒲汇塘同漕河泾还是有点关联的：龙华港、漕河泾港由东而西贯通全境，蒲汇塘由北而南于境内三港汇合，因为此，我希望了解一下关于漕河泾的人文历史。街道安排了志办的几位本土老文化工作者和我座谈。他们都退休好几年了，一听我是“老土地”上海县人，都兴奋不已，说自己原来也属于上海县的，一直生活在漕河泾地区，还回忆起初中时代到附近的梅陇乡学农的往事。这让我感慨不已，原来他们还记得“上海县”。

龙华庙会今何在

与漕河泾的相交，又靠近沪闵路，最为出名的地方莫过于龙华了。

当年李英石筑沪闵南柘路沪闵段，原定沪闵南柘汽车线路的十六处车站，除了漕河泾站，还有龙华站和新龙华站，途经的14个市镇中，规划的11条支路中就有龙华支路、华泾支路。而无论是龙华、新龙华还是华泾，都紧挨着漕河泾，且是连成一片的区域，这里统称为龙华，新中国成立前夕乡镇分属上海县和龙华区，1956年3月除关港、华泾地区属上海县外，属西郊区。1958年8月划属上海县，10月分属于七一和勤丰人民公社。1959年成立龙华人民公社。1984年3月改为龙华乡，同年9月淀浦河以北所在地区同漕河泾一起划属徐汇区，成为龙华街道，仅剩淀浦河以南的村和新建的华泾居委会。不过到了1992年，这些地方也全部划入了徐汇区，1998年5月撤龙华乡建华泾镇。

龙华名声在外，凡上海人几乎都知道。这主要是龙华寺和龙华塔之故。龙华寺是上海地区历史最久、规模最大的古刹。据传是三国时期孙权为其母所建，距今已有1700多年历史，有文献记载可考的历史是建于北宋太平兴国二年（977）。北宋治平三年（1066），曾更名为“空相寺”，如今尚有赐“空相寺”额、今寺碑残石存留。明永乐年间（1403—1424）恢复原名“龙华寺”。明万历二年（1574）赐名“大兴国万寿慈华禅寺”，寺名仍沿用龙华寺。寺西之桃园于民国十七年（1928）辟为血华公园，后改名为龙华公园，现在是龙华烈士陵园的一部分。

而龙华寺山门前的龙华塔更是十分重要的国家重点文物保护建筑。这座砖木楼阁式塔又称“报恩塔”，始建于三国吴赤乌十年（247），八面七层，总高41.03米。在20世纪70年代以前的上海西南地区，属于鹤立鸡群的高层建筑。龙华塔在自身纤细、轻灵、飘逸的基础上，融入了吴越文化，更是中外建筑文化合璧的产物，是地域建筑文化的典型代表，也是不同地域建筑审美风格的艺术显现，具有重要的历史文物价值。

在科举时代，龙华塔被誉为上海县的“文笔峰”。明代人李绍文著《云间杂识》，专门有一节记“龙华塔”：上海城南之龙华塔，为“邑之文笔峰，故邑中官中秘者甚众”。

1891年的龙华塔（资料图片）

“邑中文笔塔为峰，修卜登科喜气浓。”在以科举取士，强调“学而优则仕”的明清时代，人才的概念主要指科举人才。科举考试不仅关乎一家一族的兴旺，也是衡量一地一方人文之盛衰的重要指标，在人们的心中，唯有科举，“此之谓学问，此之谓士子。”如此，被视为“文笔峰”的龙华塔，更具有了象征意义。即便如今，每逢高考前夕，到龙华寺和龙华塔求神拜佛祈望高考顺遂的学子和家长也是一大波一大波的连绵不绝。

除了龙华寺和龙华塔，上海龙华庙会也是本地的一大特色，闻名遐迩。它是一种古老的传统民俗及民间宗教文化活动，也是华东地区历史悠久并沿袭至今的传统庙会之一，集商品集市、民间信仰和民间娱乐三位一体，是独特的海派庙会，不仅对上海地区，而且对长三角地区曾经发生过深远的影响。

龙华原本就是因庙兴市，因市兴镇。而龙华庙会以龙华寺为中心，发生期可以追溯到唐代。从明代开始，庙会由礼佛的单一庙会发展为集礼佛、商贸、娱乐为一体的综合性庙会。到了清朝，庙会正日的时间由三月初三向后推至三月十五，与赏桃花的习俗结合，扩大了庙会的规模和影响，也扩展了娱乐内容，由此进入全盛时期。20世纪20年代以后，庙会发生了第二次转型，由乡村庙会向都市庙会转化。到新中国成立后，政府开始参与组织龙华庙会，庙会结束自发状态，进入新兴阶段。

但在20世纪70年代以后龙华庙会日渐衰落。龙华港改道，其余内河均被填平；龙华地区划入徐汇区，现代化建设步伐加速；龙华老街被改造，老居民大量搬迁。因此，庙会所依托的物质和社会环境已经改变，许多习俗逐渐消失。更重要的是，随着商品的丰富和市场的发展，庙会的商贸部分也逐渐衰落。

龙华寺内景（资料图片）

之前说到庙会和赏桃花，还得补叙一下。民国十二年（1923）2月1日，沪闵南柘长途汽车正式通车运营，取名为“沪闵线”，通车不久，又开通龙沪专线。这是为农历二月间上海市民到龙华赏桃花而开设的定向班车，票价为两角。自普益习艺所沪杭车站出发，沿着沪闵南柘路，经斜桥、四明公所、日晖桥、谨记路至龙华寺，全程仅15分钟，是这段线路途经市区前往龙华客流最多的几个区域。花期最盛时从市区出发去龙华寺观赏桃花的汽车有500多辆，从普益习艺所沪杭车站出发去龙华路的汽车票卖出6000多张。可见，开通龙沪专车对沪闵南柘长途汽车营业额的提高大有益处。

1992年由上海县划入徐汇区的那部分龙华乡，1998年改名为华泾镇。而这里也是原沪闵南柘路现老沪闵路所经区域。元代时属华亭县，至元二十九年（1292）由华亭县分出长人、高昌、北亭、新江、海隅五乡立上海县。原龙华乡地区隶属华亭、上海两县。据明代《弘治上海县志》载上海县境内已有龙华铺、华泾铺。志称：“华泾铺处乌泥泾之南端，后乌泥泾被倭寇烧毁，至清初于华泾聚集成市，以港名为华泾镇。”

随后建置、区划也是几经变动，尤以民国时期和新中国成立后到1992年前尤甚。所以龙华乡建置为镇后没有保留原名，其实也有历史缘故。起华泾之名还算传承有序。

华泾镇出过一个著名的人物——黄道婆（1245—1330）。她是宋末元初著名的棉花纺织家、技术改革家。由于传授先进的纺织技术以及推广先进的纺织工具，而受到百姓的敬仰。在清代，被尊为布业的始祖。关于她的事迹，我在其他文章中已写到过。在同老沪闵路相交的徐梅路700号，现建有黄道婆纪念馆，由墓园和纪念馆两部分组成。

黄道婆墓始建于元代乌泥泾古镇（今华泾镇东湾村平桥）。据《二十六保志》载：“黄道婆在二十六保二十八、九图、田六分二厘七毫。”历来未见整修记载，年常日久，已荒冢累累，难以辨认。1957年，经江苏省上海县人民委员会整修，加高坟台，设石凳供桌，镌石立碑。1984年，黄道婆墓被列为国家文物保护单位。2006年，黄道婆乌泥泾手工棉织技术被列为首批国家级非物质文化遗产名录。

在华泾，还安葬着一名响当当的人物，被称为“革命军中马前卒”的邹容。在本书中我有专门文章写之。

华泾更有不少文人名宦。比如明代的张之象（1496—1577）、张所望

位于华泾的黄道婆纪念馆
（林言　摄）

（1556—1635）等。前者留有著作不下千卷；后者曾被封为咸阳侯。

华泾镇上还有一处宁国禅寺，它是上海地区古老的寺院之一，至今已有800多年历史。原址在华泾镇北杨村张行浪东侧。现在华泾路上，离邹容墓不远。从老沪闵路到华泾路就能看到。宁国禅寺相传建于宋隆兴元年（1163），由乌泥泾首富张百五发起建寺，由僧昌目主持。南宋乾道二年（1166）请得寺额，与龙华寺南北相对。1949年4月被毁，2010年4月重建。过年前我去拜谒邹容墓，从宁国禅寺门口经过，见里面有不少游客，香火旺盛。

从漕河泾到龙华，还有许多故事。

原来有个梅家弄

30多年前，从市区方向沿着沪闵路过来，过了漕溪路，两侧几乎是一片片的农田。其实漕河泾一带原本都是原上海县的，只不过在这里形成了城乡交界线，泾渭分明。

我记得在沪闵路的北侧，有一个叫牌楼大队的地方，徐闵线在这里有个站头，叫“西牌楼”站。之所以到现在还有印象，盖因那里对着路建有一座高大的牌楼，一抬眼就能看到。1984年，这里被划归为徐汇区，随着城市化建设的推进，原本的郊野农田被蚕食殆尽，建起了一幢幢的商

20世纪80年代的梅陇镇老街（资料图片）

务楼。其中牌楼这块的那幢商务楼竟挂着“正大综艺”的招牌。“正大综艺”是中央电视台创作的综艺益智节目，于1990年4月开播，因为节目的形式新颖，内容丰厚，深受全国观众喜爱，姜昆、杨澜、赵忠祥、程前、王雪纯等先后担任这档节目的主持人。那时觉得奇怪，为什么央视的节目跟这里扯上了关系。

牌楼大楼属于梅陇镇，当然那时还叫梅陇公社，后来改乡，区县“撤二建一”后为建制镇。

不管是梅陇公社，还是梅陇乡，当初它的政府机关办公地址也在沪闵路边上，现在是莲花国际广场这块。公社（乡）的门口紧靠沪闵路，坐在车上一眼就能望见。自梅陇和曹行合并后，镇机关便迁到了银都路。

对于身处市区的上海人来说，这个梅陇镇似乎显得有点陌生，因为在上海有一个百年老字号的饭店——梅龙镇酒家，它以古典京剧“游龙戏凤”中的正德皇帝微服私访“梅龙镇酒肆”之轶闻而得名，创始于1938年，最初在威海卫路（现威海路）上，现总店地址在南京西路。昔日是社会名流贤达的聚会佳地，如今已成为享誉海内外的国家特级酒家。1990年我在市区的报社实习，路经南京路上的“梅龙镇酒家”时，十分惊讶，还以为梅陇乡的人这么牛气，竟把酒家开到了南京路上。那时实在是见识少了些。

离梅龙镇总店不远，就是梅龙镇广场，处于上海商圈的黄金地带。据云此地以“现代经典设计概念”为建筑特色，融经典瑰丽的欧陆设计风格，为上海现代建筑艺术的典范。一直以来，梅龙镇广场以时尚前瞻的态度，不断迎来世界各地的国际知名品牌，成为沪上时尚人士购物休闲的首选地之一。

不过名声远播的梅龙镇酒家和梅龙镇广场实际上均与梅陇镇没有一丁点关系，“龙”和“陇”两字，多个“耳朵”旁就不一样了。

但在闵行区九个镇中，梅陇镇还是值得一说的。它的历史可以追溯到明清时期，也有600年了，可不比广为人知的七宝、莘庄镇短。

从那时候起，梅陇镇就隶属于上海县。

梅陇镇旧名梅家弄，传因明成化年间徽州梅姓在此经商，后裔建宅第似街弄而名。兴起于清嘉庆年间，为梅家弄市。又因与上海南市梅家弄同名，民国二十二年（1933）经上海市政府批准，改名梅陇。在清代同治年间，此处商市日盛；到了20世纪40年代，米业兴起；抗日战争胜利后，这里的肉庄生意兴隆，逐渐形成猪市。

另有一说，这“梅家弄”早在北宋年间就已得名，其来历与著名文学家梅尧臣有关。梅尧臣，字圣俞，世称宛陵先生。他在北宋诗文革新运动中与欧阳修、苏舜钦齐名，并称“梅欧”“苏梅”。刘克庄在《后村诗话》中称其为宋诗的“开山祖师”。

相传梅尧臣早年即随其叔父定居青龙镇（今上海市青浦区），其身后有一房子孙迁居至“梅家弄”，并长期定居于此。如果“梅家弄”真的是自北宋一直沿用到今天，那它是上海可考究的最早以姓氏命名的地方。如今依然有不少姓梅的人家在此居住，但由于战争等因素，人口更迭频繁，此处的梅姓人家是否为梅尧臣的后裔，已很难确切考证了。

这么说来，梅家弄还是有些底蕴的。不过作为一个旧集镇，它的原址到底在哪里呢？这是我一直疑惑的地方。因为梅陇镇这些年的变化实在是太大了，早已让人不识旧容颜。

很多本地人，尤其是年轻人都讲不清楚了，只知有梅家弄这个说法，但地方犹如凭空消失了。

其实梅家弄就在沪闵路虹梅南路旁，沪昆（杭）线的南首。当年的集镇布局是“丰”字形，主街南北向，约长200米，宽三四米，平房居多。1935年通电，1964年用上了自来水，1967年通煤气，走在了郊区现代化的前列。20世纪七八十年代，梅家弄老镇拆迁，新街建成，大量企事业单位及新村居住区拔地而起。东西路两侧现在是一大批居民区，东面有梅陇一居、春华苑，还有梅陇三村等，已划属徐汇区的凌云路街道，而西侧有梅陇一、二村等，属梅陇镇。再往南，过益梅路，就是承载着上海人记忆的老厂区——力波啤酒厂的大本营。10多年前，《喜欢上海的理由》那首歌深入人心，被广为传唱，它最初就是力波的广告歌曲。如今力波已停产，梅陇镇把这块地块作为新的城市更新项目正在开建。这里将成为梅陇镇未来的亮点。

在梅家弄对过，沪闵路北侧，就是“大转盘”锦江乐园。往西，则是莲花国际广场、南方商城等商业综合体了。

梅家弄再经南首一点，就是朱行老街。这个南宋时已有人烟的集镇，在过去比不上梅家弄名气大，但因改造的晚，这两年才动迁，所以倒是被很多人所了解。

说完了这些，不能忘了梅家弄附近的沪杭线梅陇火车站。这个站同莘庄站一样，建于清宣统元年（1909），后一度废弃，于1983年时重设。1996年，为配合上海轨道交通3号线建设的需要，当时开行的上海—金山4趟列车、上海—嘉善3趟列车、上海—杭州5趟列车全部由长宁站转至梅陇站办理客运业务。1999年12月28日，梅陇站暂停办理客运业务。2002年10月，因上海南站施工需要，原来临时在上海南站到发的旅客列

2006年，随着新上海南站建成试运行，梅陇站退出了历史舞台（资料图片）

车转到梅陇路办理客运，直到2006年6月25日，新上海南站建成通车，梅陇站终于退出了历史舞台。

特地说起沪杭线及梅陇火车站，是因为想说明在没有沪闵路之前，其实梅家弄同莘庄一样，没有官路。老沪闵路不打这儿过，还在东南首几公里外的，华泾、曹行方向，火车通行设站自然是促进了本地的经济发展。1959年后，沪闵路筑就。梅家弄，或者说梅陇地区离市区近在咫尺了。

如今梅陇镇是闵行区重要的工业基地，现代居住区和区域性商贸中心。它与徐汇区的华泾镇、凌云路街道、康健街道相接、南与吴泾接壤。这么一个地理位置优势，具备发展潜力的地方，真怕它什么时候一不小心又被划入市中心区。

不得不感慨一下，我们闵行，被划出去的好地方真的太多了。

渐行渐远朱家行

二十多年前，虹梅南路建成开通，于是老闵行去市区除了沪闵路外，便又多了个快捷的选项。而穿过横跨虹梅南路的外环高速，往北则是广为人知的朱行老街。

早在沪闵南柘路开通时，沪闵南柘路长途汽车公司就在这里设立了长途汽车站。这也说明百年前的朱行已有了一定的集镇规模。而我虽然早就知道朱行，但真正走近它还是因为前些年组稿撰写《最后的老街》，以及拍摄同名纪录片，才与之结下不解之缘。

朱行，俗称朱家巷，据史料称南宋时已有人烟，明代朱氏家族世居。清代设镇，又因本地话“巷”和“行”谐音，故后称朱行镇。旧时，这里是周边乡村的集散重镇。如今四周地段尽现繁华，但朱行却没落了。

面对城市化与现代化飞速发展，老街无所适从，这也在情理之中。不过，既为老街，总是在岁月中积淀了经年风霜和很多故事，在高楼包围中，虽有迟暮的无奈，却持有着倔强的独特。

江南自古就和烟雨分不开。朱行老街地处鱼米之乡，和所有江南老街一样，发达的水系是老街形成的基础。

老街的“水”叫春申塘，这是本地人熟悉得不能再熟悉的河，据说是战国时代春申君下令开挖的，明清时期，曾屡次疏浚，是当时水上的一条主要航道。发达的河运使得古代朱行迅速繁荣起来，河两岸的居民为了

位于朱行老街的敦义桥（陈长枫 摄）

方便日常生活，也往往会在老街的中心修建起“市桥”。

敦义桥是朱行现存的最古老的石桥，斑斑驳驳的桥面留下了岁月的刻印，刻下的是懵懂儿童的嬉耍玩笑，挑担小贩的沿街叫卖，河边妇女的洗衣捶打。一百三十多年的岁月中，石桥宛如一张黑胶碟，收录进了这浓浓的乡间清韵。

石桥下的春申塘自然是孩子们的乐园，最让人期待的，当属那一年一次的“蟹潮王”。每年夏天，四面八方的螃蟹都会涌到这里来。抓回来的河蟹鱼虾被家中的老母亲用土灶头配上最拿手的小菜，孩子大人围成一桌，锅盖一掀，就可以吃个满心满意的欢愉。比螃蟹更美味的是这些缤纷的画面。

“过年时候，我们这个街上，会在前头墙里插香，为什么？因为墙上有缝啊！到端午节时家家户户还要挂艾草，就挂在门上。”那次采访，老街上的居民，五十多岁的石阿姨，说起这些童年记忆，表情突然生动起来，仿佛在这一瞬间又回到了那欢笑嬉闹的年代。

老街上年节的热闹从古至今从未间断。逢年过节，买猪肉炖蹄髈，更是老街人家必不可少的欢乐事。75岁的夏老爷子曾是当地赫赫有名的杀猪匠。每逢年关，乡里乡亲都会找他买肉过年。说起当年，他依旧是笑声爽朗：“我最厉害的时候，一天要卖掉几十口猪啦，买肉的人多得不得了。”那天，他对着我们的镜头如此说道。

朱行似乎长寿的老人特别多，87岁高龄的王家奶奶精神甚好，身体硬朗，每年清明时节她都要耐心地教导小辈折锡箔。“有好多样式，有‘荷花庭’‘元宝’，清明节家里要拜要烧给老祖宗，我住在这里身体很好，要多烧点。”王家奶奶乐呵呵地给我们介绍道。在她看来，这种仪式是必不或缺的，也是拜祭先人的最好方式。“不过现在小孩子都不会了，规矩都忘了。”说这话时，她的神情有些落寞。

很早以前，老街兴庙会，凌晨三四点，老人们就已起床准备，小孩子们呼朋引伴的要到书场里去听那些光怪陆离的传奇故事。台前幕后奔跑欢笑的身影，那是年少岁月中最美的记忆。

民国十七年（1928），上海市、县分治，地方行政区划做出了调整和改变，朱行处在了一个特殊的历史时期。于是以王家弄堂的浑堂桥为界，分治于上海市（朱行镇以北地区）和上海县、松江县。普普通通的浑堂桥竟成了地标。

民国三十一年（1942）夏季，因日伪政权修筑“清乡”封锁线，禁止自行粮食交易，以致城区米价疯狂上涨。因朱行地处市、县交接地带，促使镇西街新开了几家米行，浑堂桥堍摊贩猛增，从而使这里的米市交易变得畸形兴旺。

解放后，从1954年开始，国家实行公私合营的政策，市里决定将上海的几十家上百家手工艺作坊聚集起来，放到朱行。就这样朱行变成了上海市手工艺品生产的大后方。而其中最具代表性的，就是声名赫赫的海派红木雕刻。

“当年属于计划经济时代，国家就是想要发展这些工艺美术项目。木雕企业都集中在这里，一下子就把这个小镇搞成了一个轰轰烈烈的工艺美术城。”施鹤兵是红木雕刻技艺的传承人，说起当年的这些事，心中仍有无限感慨。“我们这个年代啊，我能做出好东西来是光荣的，这是我的手艺。所以我想要做出最好的东西，能传承下去的，能使用个几百年，这就是我们的追求目标啊”。

海派红木的兴起不仅使得这种工匠精神得以传承，更是为新中国建立初期外汇的不足解了燃眉之急。尤其是改革开放初期，朱行红木艺雕更是显赫一时，就连外国领导人访华，国礼相赠的红木小件也都出自这里。

朱行，也曾有风光无二的时候。1965年，朱行就通上了管道煤气，那时连南京路淮海路的弄堂里都没有，所以朱行这里的姑娘都不肯嫁到外面去。当时还流传着一句话：煤气煤气，越看越气，弄得姑娘不愿嫁出去。

岁月无情，如今的老街却如美人迟暮，虽还可在依稀间瞥见当年的一抹风采，却似落日余晖，徒添伤感。

在虹梅南路高架紧锣密鼓的施工声中，朱行老街与周遭已完全格格不入。由于老街密度过于集中，房屋年久失修、违章搭建严重、生活环境恶劣，加之外来人口大量涌入，社会问题频频爆发，完全无法适应城市发

朱行老街（陈长枫　摄）

展的需要。老街何去何从几无悬念。

为了改变朱行这个城中村的面貌，当地政府决定成立朱行城中村改造推进办，通过发放告知书，征求广大居民的意见，几乎百分之百的居民同意动迁。于是，老街的动迁工程正式提上日程。

故事的开始，总是欢声笑语。而故事的结束，却往往伤感落寞。朱行老街的故事在千年之后，终于走向了终章。是啊，不可结缘，徒增寂寥。

送旧迎新，朱行人带着对老街的眷恋，进入了美好的新生活，就像那棵曾是朱行人的骄傲的古紫藤，经历了三百年的风霜雪雨，随着老街的变迁，不断迁移，最终迎来了新的栖身之地。

谁又能说，故事的结尾，不是新篇章的开始呢？

曹闵和曹行

老沪闵路因市政规划被切成了无数段。从金都路星河湾到莲花南路就有一段，极短，也没有加宽过。那天正巧办事经过，看到北侧有所学校，挂着曹行小学的牌子。

我对闵行的学校还算比较了解，尤其是有较长办学历史和声望的，但对曹行小学却知之甚少。因为这所学校在老沪闵路上，便有了好奇心，于是“百度”了一下，发觉这还真是所老学校，前身为清光绪年三十二年（1906）正月，由邑人曹寿龚创办的毓秀小学堂。民国二年（1913）改为曹行乡立第二初级小学校，复式编制。后因日军侵华，学校被破坏而停办，直到民国三十二年（1943）修复，两年后8月复校，改名曹行乡立中心国民学校。新中国成立后用上海县曹行中心小学校名，撤二建一后改名为闵行区曹行中心小学。

但它的原址最初应该在离此不远的曹建路上，不知何故何时搬到了此地。

而曹建路原本是曹行镇所在地。

不过现在已经没有了曹行镇的建制。2000年10月8日，经上海市政府批复同意，闵行区撤销梅陇镇和曹行镇，建立新的梅陇镇。而原来和镇同处一地的曹行村倒是保留着。

曹行是原上海县的老城镇。不过我虽是上海县人，但对这个镇却少

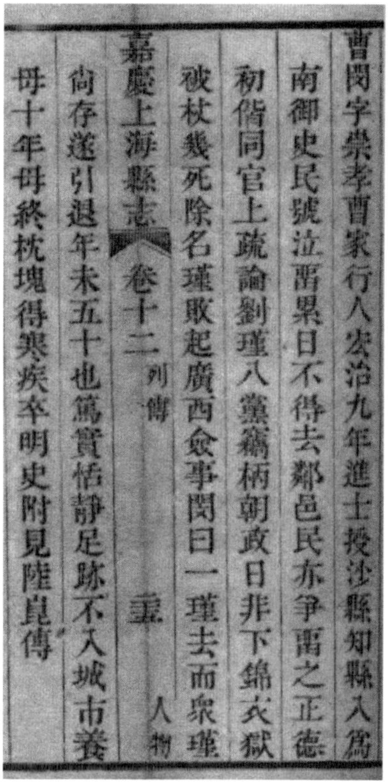
曹閔字崇孝曹家行人宏治九年進士授沙縣知縣入爲
南御史民號泣罷累日不得去鄰邑民亦爭留之正德
初偕同官上疏論劉瑾八黨竊柄朝政日非下錦衣獄
被杖幾死除名瑾敗起廣西僉事閔曰一瑾去而衆瑾
嘉慶上海縣志 卷十二 列傳 人物 壹
尚存遂引退年未五十也篤實恬靜足跡不入城市養
母十年母終枕塊得寒疾卒明史附見陸崑傳

《嘉庆上海县志》中关于曹闵的记载（资料图片）

有了解。查历史，才知道这个镇是因人得名，而这个人是明代弘治九年的进士，官至广西按察司佥事。他叫曹闵（1461—？）。

史书记载：曹行，又名曹家行、曹家桥；因明副使曹闵宅第得名。后有丁姓艺人卖艺定居于此，子孙繁衍兴旺，故居民以曹、丁两姓为多。

这个曹闵是个不简单的人物。在由清朝唯一一个配享太庙的汉臣张廷玉（1672—1755，雍正时期的内阁首辅、首席军机大臣）主修的《明史》中这样描述：曹闵，上海人。弘治九年进士，为沙县知县。被征，民号泣攀留，累日不得去。既与昆等同得罪。后当起官，以养母不出。母终，枕块，得寒疾卒。

能进明史，并得此评述，曹闵也算是风光的。其实他最后的官衔并不高，才五品，放至今日，不过是局级尔尔。

曹闵官场起步在沙县。对了，就是那个如今以“沙县小吃”闻名的福建省沙县。沙县属于三明市管辖，自晋末建县，历经宋（刘宋）、齐、梁、陈、隋、唐，皆为蛮荒之地，唐永徽六年（655）之前，随设随废。别小看沙县，它的历史地位还是挺显要的：一，它是闽学文化的摇篮；二，它是先贤文化之地，历史名人众多；三，它是政治军事重镇。不过如今最为出名的自然是“沙县小吃”，以其风味独特、做工精细、品种繁多和经济实惠而著称。

曹闵这个上海人到沙县，因清正为民，深受当地百姓热爱，后来调任监察御史，老百姓们竟号哭着不让他走，聚在县衙门口，好几天不肯散去。监察御史干什么的呢？按现在的话说，就是纪检委书记。这是个正七品的职位，与知县同级，算不得升官，不过权力大了些，但却是个得罪人的差事。这不，曹闵在正德年初，因为秉公上疏，把太监刘瑾奸党给得罪了，于是遭诬下狱。这个刘瑾曾是权倾天下的当朝大太监，在东宫侍奉武宗时虽屡遭弹劾，但因善于玩弄权术深得皇上信任。直到正德五年（1510）四月，武宗得知其起谋反之心，把他抓了起来，并下诏将其凌迟处死。八月，曹闵得以平反，再被提拔，起用任广西按察司佥事。按察使司主管一省的司法，这个佥事是辅佐按察使、分领各事务的官员，品级为正五品。平反昭雪又升官，这是多大的好事啊，用本地话说真是“额角头碰到天花板”了，可人家曹闵却不干了，认定“一瑾去，而众瑾尚存”，遂引退辞职，或许他是心有余悸，或许是目睹官场之乱象，自知无力改变，故而才决定返乡做个平民百姓。当然他向朝廷说明的理由是要“伺奉父母”。曹闵返乡后，在曹行过着笃实恬静的田园生活，整整十年足迹不入城市，直到病终。

由曹闵再说到曹行。曹行当年以棉花、土布兴，清初商贸渐集，遂成集市，清嘉庆时为曹家行市。清末民初，纺织业衰落，至抗日战争时期商市益凋。镇沿马屯泾，分东、西、中三街，呈“工”字形，西街沿河，纵长45米；东街150米许；中街东西向，长200余米。商店原多设中、东街，中街市面尤盛。东街北首有观音堂，旧时农历六月十九、十月十四一年两度庙会。街道狭小，平房、二层楼房错杂。20世纪80年代，街面拓宽至8米，并辟新街于马屯泾西，建有银行、邮局及商店。另于镇北曹行路（现金都路）辟新区，乡政府机关及乡文化站、影剧院、农业机械厂、修建队、碳黑厂等乡办企事业单位设此。

曹行并入梅陇镇后，曹行镇政府办公地现为曹行派出所所用。我那天实地去走访，位于曹建路上的曹行镇已无一丝一毫老镇的痕迹。曹建路与虹梅南路十字相交，北面的路原为曹行路，如今已改为金都路。在虹梅南路东侧，见一幢办公楼，貌似20世纪七八十年代的乡镇机关大楼，一打听原来是以前曹行村委的办公用房，现在成了某民营医院的宿舍楼。沿街的二层楼房民居大多出租给了外省来沪人员，本地人竟然难觅，好不容易碰到两个操着乡音的农妇，经她们指引，才得知原来镇政府机关大楼在

原曹行镇政府机关大楼已改作派出所（林言　摄）

虹梅南路西侧不远处，已为派出所所用。赶去对着那里拍照，门口随即出来几名警察和保安，一脸警惕地问我们干什么的。我忙掏出证件并做了解释，对方随即笑笑，说了句，原来这个也有人感兴趣啊？

事实上，我也不知道为什么要对曹行感兴趣。应该说，在沪闵路、老沪闵路沿途所经过的集镇中，曹行名不经传，或许就是因为这里出了个有气节的曹闵，才让人对它另眼相看吧。

莘庄往事

写在前面的话

大概是因为最近在写关于百年沪闵路的文章，有个问题一直心头萦绕：如果没有沪闵路，莘庄将会是什么样？

作为闵行区政府的所在地，莘庄自然是闵行的中心，但是在百年前，莘庄还是个小集镇，李英石将军筑沪闵南柘路时，并没有把它考虑在内，把路拉了条斜线，从龙华出发，经华泾、梅陇、曹行至颛桥，而达闵行镇。直到1958年，市规划将沪闵路变线，从徐家汇到莘庄，新筑沪闵路，而后往南到颛桥。于是，原先的沪闵路变成了老沪闵路。老的路车马人稀，日渐萧条，有的地方甚至成了断头路，而新的路成为原上海县和老闵行连通市区的主干道，作用越重并日渐繁华。

正因为有了新沪闵路，原来并不显山露水的小集镇莘庄的地位变得独特起来。原本从北桥镇迁出，寄居在老闵行建设路1号（后为闵行三中所用）的上海县人民委员会（政府）于1960年12月迁至莘庄镇张家花园（现莘建路201号），在此处办公长达32年。直到1992年9月26日，“撤二建一”，原闵行区、上海县合并成立新闵行，随后区机关大院搬迁至沪闵路6258号至今。

所以说，如果没有沪闵路，莘庄会成县、区政府所在地吗？而如果

位于沪闵路6258号的闵行区人民政府机关大楼（李思凯　摄）

莘庄外环立交（资料图片）

没有了这个前提，恐怕莘庄也不会有这么翻天覆地的变化。沪闵高架不会通过来，也不可能有亚洲第一的莘庄公路立交桥，或许更不可能建地铁轻轨。所有的基础设施都可能会以老沪闵路的现有格局向南部倾斜……

历史的发展没有如果。这条60年的沪闵路新线见证着60年莘庄的发展，但莘庄往事又不仅仅限于此。

一座集镇的风雨500年

在闵行，总有两个字常常被人读错，一个就是闵行的"行"（háng），不是本地人，初次读的话，往往把它读为xíng，行走的行；而莘庄的莘也是如此，常有人读成莘莘学子的莘（shēn），其实作为地名，它的正确读音应该是xīn。

反正本地人是不会闹这样的笑话，而一旦听到有人读错，也只是笑笑，这不能怪旁人没文化，只能说中国文字太博大精深，太讲究了些，一个字竟然还有多重读音。当然，不管是"行"还是"莘"，能记住就可以了。

莘庄的"庄"，总是让人感到有种乡土气息扑面而来。其实，庄的解释有很多种，一是姓，最出名的莫如庄子；二是商店之类的，比如钱庄、茶庄；三是封建社会君主、贵族等所占有的成片土地，比如庄园；还有代表现场气氛的，比如庄严等等。但人们最不陌生的大概要数村庄吧？事实上，莘庄最早的确只不过是个村庄而已。翻阅四五十年前的老照片，莘庄周边是一片广袤的农田。换句话说，莘庄的发展也是近几十年的事。哪怕在20世纪60年代它成为上海县治所在地，被称为县城，但总显得局促

矗立于莘庄沪闵路莘松路口的凯德龙之梦商业综合体（资料图片）

而逼仄，所谓格局不够大，从县城那狭窄的道路上就可以看得出。

莘庄的历史其实要追溯到500年前的明嘉靖、万历年间，它因市业兴而成集镇，因集镇跨莘溪而名，故又名莘溪。崇祯年间整个集镇有居民数千人，在那时候来讲还是挺热闹的。“尽显江南水乡风貌”。清末民初，商贸渐旺，相关文献记载：“南市日购销土布达2000余匹。”因为沪杭铁路开通，设莘庄站，20世纪30年代商市更是日渐发展，尤其是花（棉）市繁荣。50年代，莘溪东西向横贯全镇，狭窄的东西市街沿北岸而建，绵延千余米。南北街则长约250米，与东西街相交于平桥北堍（原海星商场处）。街多弄巷，街面住房多属砖木结构的两层楼房，莘溪北岸东、西街上塘尤多五六进深宅大院，这自然是莘庄的大户人家，计有杨家、商会、王家、莫家、汪家诸弄。而南、北街多为平房。相关文史这么描述：“解放初，莘庄镇上有地主72家，拥有房屋千余间，屋宇宽敞，不少是中西合璧的民国风格建筑。”不过我对“地主”之说是有疑义的，能造中西合璧建筑的，定然是开过眼界的，地主似乎目光短浅些，见识也少些，造些具有本地建筑特色的绞圈房子尚有可能，那些应该多为发了财见过世面的商户。

因为水网交织，故而莘庄多桥。跨莘溪和其他市河，计约17座，自东向西为莘龙、财神、典当、会龙、东泯堂、西泯堂、登云、吊桥、武家、金龙、永济、营房、张家花园诸桥。平桥为镇中，东西街东起典当街，西至杨家弄。沿街比家挨户店铺、作坊。

莘庄镇上另外一个特色是多寺观。南宋度宗咸淳年间（1265—1274），尚未成集镇的莘庄已建有施水庵，俗称草庵。施水庵原址在镇南南栅口

县供销社投资的海星商场（林言　摄）

以南约200米处，光绪三十四年（1908）因建沪杭铁路，南栅口外设莘庄站，庵址首当其冲，经镇上绅商同意，旋将庵南迁1公里，与春申庵合并。现两庵均已湮没。抗日战争前，镇上有会真道院、三茅殿、城隐庙、三官堂、财神殿、应心庵。这些寺观或毁于抗日战争时期，或拆除于20世纪60年代。

莘庄地区在南朝（420—589）已有墓葬，成陆年代当在六世纪以前。自南宋至民国二年（1913）一直隶属于华亭县。民国三年（1914）华亭、娄县两县合并为松江县后，隶属松江县。民国三十五年（1946）划归上海市二十六区（翌年改名龙华区）。1949年5月15日莘庄解放，莘庄重又被松江县接管，设立莘庄乡人民政府，同年7月归划上海市龙华区。1951年7月，莘庄乡被拆分成两乡（莘北、莘南）一镇（莘庄镇）。1956年2月两乡一镇又合并为莘庄乡，并隶属西郊区。1958年7月撤销西郊区，并入上海县。

我在看到以上材料后心想，莘庄隶属一度实在是够混乱的，折腾来折腾去，估计此地居民连地域归属感都没有吧？其实之后莘庄还有拆分组合，直到1966年5月经国务院批准，莘庄镇正式被列为县属城镇，由乡（公社）为镇，成立莘庄镇人民政府。直至今天，没有变过。

与莘庄的几度亲密接触

在2003年时，我把家安在莘庄镇上，成为了一个莘庄人。

我住的小区叫裕兴花园，东临七莘路，南为莘潭路，地理位置还算不错。那时有几层考虑，一是莘庄离市区近，尤其是地铁1号线通了后，交通相当方便；二是为女儿的将来考虑，她过几年要读初中了，莘庄的教学资源要比老闵行丰富得多。于是经过一番激烈的思想斗争，毅然决然地把房子买在了莘庄。那时莘庄的房价已然比老闵行高，同期老闵行新开盘的金铭府邸为2300元/平方米，而我买的却要达到3300元/平方米，足足贵了1000元/平方米。所以，所谓“经过一番激烈的思想斗争”真不是妄言。事实上后来莘庄的房价“日涨夜大”，3300元的房价在今天已然成了一个零头，当初可买一套住房的钱，如今刚够买个厕所吧？

到莘庄买房时，其实还看过其他地方，一个是在沪闵路报春路旁的新梅广场，一个是水清路上的阳明国际花苑。还有一个稍微远点，但也是在水清路上，南临淀浦河的香榭丽舍。犹豫了半天，最终还是选定了裕兴花园。自然是觉得那是城中心，无论是交通、人气、商业氛围都比较浓一些，性价比更高一些。

莘庄的路名给人感觉太类似、太接近，绕老绕去有点晕，老城区基本上以“莘”字打头，什么莘建路、莘松路、莘沥路、莘浜路、莘东路、莘西路、莘北路……在莘庄生活了几年，我一直搞不清这些路的具体位置，曾一度连自家小区东南西北是什么路都有些糊涂，只记得七莘路了。我不知道当初规划和地名办的人是怎么想的，把路名起得如此相近，或许有种偷懒的思想在作怪。

事实上在成为莘庄居民前，我对莘庄并不陌生——1986年的9月，我被乡里推荐到上海县委党校学习，成为其“宣传通讯班”中一员。整个班上的30多名学员都是在职的，来自上海县各乡镇，大多在广播站、团委、教育系统工作。那年我才18岁，是这批学员中年龄最小的。记得班上有一位来自莘庄的退伍军人，当时担任青春村的党支部副书记。青春村就在

1990年上海首条地铁线路——地铁1号线全面开工，早期的线路并未通到莘庄（资料图片）

1996年地铁一号线延伸到莘庄（资料图片）

县城南首，如今村民早已动迁，并被撤村。

那时的县城在我心目中有着无比向往的地位。它是县政府机关所在地。党校位于莘松路，对面则是现在的闵行中心医院，而南边就是县机关大院，在莘建路上，公检法，各委办局基本在大院两侧，还有县广播站、文化馆、新华书店等。那些是我后来经常去的地方。

在县委党校学习要住宿，事实上当年住宿是常态，只要县里开两天或以上的会议，比如团代会，都会安排住宿，这主要是因为交通不便之故。一般会议住宿会安排在莘建路莘建支路口的县招待所，即后来的莘建饭店。如今已拆除，成为一片绿地。于是，我对县城便有了深入的探访。我经常和来自青春村的那个村党支部副书记去逛街，他作为莘庄人，又是莘庄中学毕业的，当向导自然是最好不过的了。那时的莘庄路窄车少人稀，店更是寥寥几家，一到晚上就乌漆麻黑的，其实也没有什么好玩。大概到莘庄电影院看电影是少有的娱乐之一吧。

趁课休，我便骑着从同学处借来的自行车沿着沪闵路到颛桥中学去找初中时的同学，然后就忽悠着他们再去七宝中学，找那里的同学玩。从内心而言，我是想和他们一样，做个学生的。事实上，我后来的确放弃了进机关的机会，重新回到了学校补习，每天乘闵东线头班车从马桥的荷巷桥出发到老闵行，再转乘徐闵线沿着沪闵路，到徐汇中学参加高复班，直到后来入了大学，而当年同在党校里进修的同学后来大多成为机关干部和新闻条线上的骨干。这是后话。

我们这批党校的学员最后还被分别输送到基层实习锻炼。基本是三人一组，我还是其中一个组的组长，去了北桥乡、新泾乡、三林乡。如今北桥已归入颛桥镇，而新泾乡和三林乡则分别划入了长宁区、浦东新区。

从30多年前到县委党校进修学习，到后来购房莘庄，成为此地的居民，这算是我与莘庄的亲密接触，之间时间跨度有16年之久，县城的变化也是巨大的。2014年6月，我的单位搬入位于地铁莘庄站南广场南首的解放报业大厦办公，又有了不一样的感受。

上海县已不再，莘庄还是莘庄

1992年9月，原闵行区、原上海县“撤二建一”，组成新的闵行区。当时很多人觉得把具有700年历史的上海县撤掉实在有点可惜，虽然称“区”有种城市感了，但上海县也不简单啊。在大家的印象中，堂堂上海市还是从上海县脱胎出来的呢。甚至有人一厢情愿地认为，如果区县合并设置“上海区”倒也不错，最起码从行政域名上来看，这段历史也算传承有序。

20世纪80年代的莘庄老城区（资料图片）

去年，由我组稿了的一组文章，主标题为《曾经是上海县人》，我在开头写下了这么段话：

以前填写履历，在籍贯一栏里总会习惯填上“上海县”。无论是小学、中学还是大学，乃至20世纪90年代初参加工作时。直到1992年底，便有点不知所措了，因为上海县被撤销了，与原闵行区合并，设立了新的闵行区。从此“上海县”这个地域名词成为绝唱，以“310221”开头的身份证序列号就此结束。

……

上海县没有了，但莘庄镇作为区治所在地没有变。它依旧是闵行区14个街镇（工业区）的首镇。

只不过原先的县机关大楼和县委党校已不复存在，原址建起了“东苑世纪名门”的商品房小区和商业大楼，而相隔不远，位于莘建路莘东路口的邮局也旧貌换了新颜。

我一度觉得上海县机关大楼其实不用拆除的，那幢四层高的大楼庄严肃穆，保留它也是保留了一份对历史的尊重。放到现在，做个历史博物馆多好？商品房小区到处可建，但这样的大楼拆了就没有了。况且它的原址还是莘庄镇上赫赫有名的张家花园。张家花园是当年本地望族大户所建的私家花园。而县委党校的院子也颇大，颇为气派。进修时，我们常常会在党校食堂吃完饭，然后到小花园走走。

县委党校的斜对过是91路公交车终点站，到西郊公园（上海动物园）、新泾乡就要坐这趟车，从莘松路左转，沿七莘路一路往北。我之所

20世纪80年代的莘庄城区一角（资料图片）

以对91路印象深刻，那是因为我之前讲到的，在学校实习阶段，我被分配到新泾乡蹲点采访。乡因新泾港而得名，乡政府当时设在哈密路上。巧的是，1958年1月，上海县自江苏省划属上海市辖，8月西郊大部分地并入县境，为便于交接，县人民委员会暂从闵行镇迁往哈密路1330号办公。后于次年2月迁回闵行镇。哈密路周边有当年颇为神秘的西郊宾馆、上海公安专科学校，还有程家桥集镇。而1937年8月9日，日军虹桥机场挑衅事件就发生在新泾地域，这成为淞沪会战的导火索。

莘庄镇真正的变化，应该是靠了两个时间点：一是区县合并后区机关大楼迁至沪闵路水清路口两侧办公；二是1997年7月1日，地铁1号线南延伸段全线贯通运营，莘庄通上了地铁。这对闵行区，尤其是莘庄镇的社会经济发展起到了决定性的推动作用。从此莘庄镇城区建设驶上了快车道。1999年莘城公园建了起来，随后周边商品房住宅区拔地而起，2007年位于地铁莘庄站南广场的商业综合体仲盛世界商城开门营业，改变了闵

1993年在莘庄影剧院门前举行的东亚运动会火炬传递仪式演出（资料图片）

行境内只有一家像样的南方商城的历史。在仲盛面前，原来老县城里的海星商场简直不堪一提。2011年底，沪闵路、莘松路口的凯德龙之梦闵行广场也建了起来。莘庄有了这些大型商业综合体的入驻，总算有了点区政府所在地的腔调。最让我感慨的是，在仲盛没有开之前，莘庄是没有电影院线的，要看新上映的电影，须跑到位于梅陇那里的南方商城，或者徐家汇。现在想来真是不可思议。

地铁1号线刚通到莘庄时，出入地铁站的主干道竟然是一段临时建起的土路。这段路应该是现在的水清路。那时我正巧在老闵行开了一家书店，邀请沪上著名作家陈保平、陈丹燕夫妇前来签名售书，开着车到莘庄地铁站接他们。两位陈老师下了车看到眼前的场景都十分惊讶。

严格地说，莘庄镇沪闵路东侧是新兴发展起来的城区，因为区机关大院和地铁站建设之故，让这里有了迅速的发展。本来是一片农田，如今成为莘庄繁华的所在。但老县城因受相关条件所限，除了莘建路北侧有所变化外，南片还是陈旧的。这座古镇虽然号称有五百年的历史，不要说明清之风貌已荡然无存，民国楼院亦无所见，可资让人回味的风物也随风而散了。

往事悠悠，慢慢地想，细细地品吧。

等待“更新”的颛桥老街

颛桥老街终于要被拆了。2018年9月，暑热尚未在“魔都”完全退去，但老街的人们却被这条消息实实在在地灼热了一把。

来自官方的报道称：“颛桥老街旧区改造打响发令枪！承载着闵行人记忆的老街将迎来华丽转身。”

我一直觉得颛桥老街在沪闵路（包括老沪闵路）沿线有些“另类”。它的位置很特殊，就在这两条新老沪闵路的交叉点上。数十年来，沿路街镇如梅陇、莘庄、甚至江川路街道都有了令人瞩目的变化，尤其是莘庄往

颛桥镇城区鸟瞰（徐俊杰　摄）

颛桥老街　西街风景（李仁浩　摄）

南，原来沪闵路两侧都是农田，一片田野风光，而今不是商品房小区，就是拔地而起的企业厂房，或者是成片的绿化带。但颛桥老街却不曾改了旧模样，反而更加陈旧更加斑驳。有人说一段秦皇驰道蜿蜒在颛桥的历史深处，而老街也曾历经明清两代，街上还留下了诸如建于清嘉庆年间的周家大宅院和一些民国建筑。可怎么都找不到当年“街市繁华，商贸发达”的影子了。走在老街上，徒留一份对岁月的感伤。

颛桥镇，地跨六磊塘，俗称砖桥，后传化为颛桥，地因桥名。

和江南水乡众多的老街一样，颛桥老街自然也有着自己的风情与故事。

农业文明时代，往往是乡村围绕着一个集镇，形成自产自销、自给自足的经济生活。颛桥老街周围是广袤的乡野农田，农户村落零星散落其间。而人世间，那些有趣的往事，便是在这样一方水土中孕育流传，各色的回忆便如那蒲公英，飘飘洒洒消融在时光的角落中。

老街是热闹所在，除了商贸集市，当时的颛桥还是四乡八方民间文化交流的会聚地，颛桥的各家书场都曾有过名家们的演艺身影。著名的评话艺术家吴君玉，评弹艺术家赵开生、余红仙都曾在老街进行演出。而评弹和戏曲的繁荣依托于老街上的茶馆文化。这里的众多茶馆远近闻名，小小的镇上，竟有着十多家的茶馆，而茶馆里必设有书场，说书人的故事讲述着世间的情义和道理。

小小的茶馆，承载的是世事情理，教会的是做人道义。

时到今日，周围乡镇的老人们仍然会起个大早，赶来颛桥老街这最后的老茶馆，要一壶热茶，聊一卦闲话，便可以悠闲地度过这大半日的时光。

颛桥老街上的老茶馆（李仁浩　摄）

如今，颛桥被誉为民间文化艺术之乡，江南文化和传统民俗在这里交相辉映，而追溯这其中渊源，便不得不提起颛桥的重阳庙会。

作为中华民族的传统节日，重阳节在颛桥，更是被当地民众与庙会文化相融合，形成了当地独有的文化特色。颛桥老街从清朝时期就有着农历九月初九赶庙会的习俗，随着社会发展，颛桥庙会名声日益大了起来。解放以后，每年庙会期间，颛桥镇上百商云集，人山人海，其热闹的场面，在当时上海县境内，和龙华庙会、七宝庙会并称为三大庙会。来往的客商在这节日里，通过江南独有的水路交通，来到颛桥老街，给老街居民们带来一年一度的热闹与欢乐。重阳庙会不仅是物资上的交流，更是承担着南北文化大融合的交流作用。

颛桥老街上的周家宅院，为闵行区文物保护单位（徐俊杰　摄）

拆迁中的颛桥老街（徐俊杰　摄）

要说庙会上吸引孩子们的除了各式糕点小吃，大概就是历史悠久的表演艺术——杂技。山东的花家班和湖北的夏家班每年都会到颛桥重阳庙会进行表演。热热闹闹的表演，香气四溢的小吃，最终会在夜晚汇成点点灯火流淌的观神像，赏花灯。

周围的乡人们将“到颛桥去”，称为“上颛桥”，而“上”之一字，则包含着无限的期待和向往，简单的一句“上颛桥”，便是儿时最盼望的时光。

时代在发展，颛桥也在变化，杂耍，花灯，天戏，滩簧，都与颛桥渐渐失散，消失在历史的余晖中。往昔的日子总是可以被时间酿化成蜜糖，乡愁中的苦涩慢慢化为回忆中的甜，犹如茶后回甘，沁人心脾。

今昔一别，守韶华向远。回望中，老街的样貌已渐渐模糊。

我对颛桥老街并不陌生，相反因工作关系，还多次深入其间。2014年初，由我担任执行总编的《城市季风》杂志，曾经作过一期特别策划《最后的老街》。在颛桥老街，我们调研的重点是寻找老街重生的“解药”。2017年夏，我又带着一支摄制团队，开始了纪录片《最后的老街》的创作，并把颛桥老街作为重要的篇章。闵行的老街本无多了，梅陇镇朱行老街已动迁拆除；浦江镇的杜行老街将作为浦江郊野公园的一部分着手研究改造计划；马桥镇的荷巷桥老街尚不知出路在哪里。而颛桥老街的改造可是喊了10多年了，但闻雷声不见下雨，迟迟没有实质性的动作。

实际上在20世纪80年代时老街就有过改造设想，可拖到2003年，才正式启动。那时全无文化传承的概念，对于这片老镇老街唯一的做法便是拆迁改建。模式是常规套路——地产开发商拿地，出钱动迁，通过卖房子再把钱挣回来。但这样的做法所产生的结果往往是千城一面，就如现在的闵行老街。当地政府希望再造的是一个延续传统、又充满活力的新城区。于是，再一拖就到了2013年，整个国家在提倡和推进文化产业，国外经验也在告诉主政者，有历史的城区，有故事的建筑是财富，经过改造，旧瓶装的新酒更诱人，设市于明代的颛桥老街，能否嫁接这种经验？

据我所知，这几年关于颛桥老街的改造设想，当地政府作了大量的调研和论证，他们想把老街定位于上海一个非常独特的存在。注入民间文化艺术之乡的元素，并使之强化，时尚的、怀旧的年轻人都愿意来到这儿，艺术的高端商业的活动都愿意来这里举行。而老街本身一定会具有产业性，具有商业运营的环境。其实我们也很清楚地看到，上海不缺商业区，也不缺创意园，再多个新天地也不会新奇，因为这全是同质的。颛桥

颛桥老街上的颛桥书场旧址（资料图片）

老街却不同，是一个用其自身文化复兴的城市中的传统小镇，这必然是文化亮点。

是啊，这些年来太多的老镇、老城区改造都抛弃了原有的属性，而颛桥老街如果能将文化性放大强化，立足于老街自身文化的重生，这无疑是一种回归。

老街所蕴含的人性化的维度、多样性的集聚，对某些所谓流行的现代化城市规划理想而言，不啻让人耳目一新的亮光。而我们欣喜地看到，已经正式启动的颛桥老街改造将依托原有文化、自然环境，将现代化生活设施与传统生活理念相结合，重新规划布局。由城市会客厅、文化公园、滨河景观公园、运动公园、国际品质住宅区、新区开放式商业组成界面，打造自然、和谐、健康、便捷、宜居环境。

城市升级，生活更新。即将重生的颛桥老街会给我们什么样的意外惊喜呢？

北桥老街和俞塘河

沪闵路把东西走向的北桥老街一分为二。

东西街相通，但不能从地面走，得通过一段横穿沪闵路的幽暗隧道。

东街不算长，大概五六百米样子，两旁大多为老建筑，有低矮的瓦房，间夹着两层的小楼，平日里鲜有人影。有一个门面朝北开的小茶馆，看上去挺冷清的。那天我去的时候，恰见三位老人正围坐在一张小方桌旁，一瓶白酒就着一盆猪头肉浅饮。再往东，路北首可见一幢建于民国时期的老建筑，保存尚为完好。据说这是当年街上的“大户”。

西街全然是另一副模样，老建筑不多了，各种小店充斥其中，人流熙熙攘攘，倒是颇显“闹猛”。

无论是东街还是西街，斑驳的墙面上、角落里、电线杆上都贴满了各类小广告，有租房信息、招生广告，甚至还有“老军医”“老中医”的宣传等，像狗皮膏药般刺目。看到这些景象时光仿佛退回到了20多年前，又或者走入了三四线城市的小镇中。

倘若说这样的老街已有2000年的历史，任人都不信的。现在去老街走一遭，就算你扒开了那些老屋的砖缝看，也是断然见不到多少岁月积淀的，更不要说历史底蕴了。人说瘦死的骆驼比马大，总有一砖半瓦证明下吧，但很遗憾，现在的北桥真的没有。如果真要寻一样出来，那棵具有400年历史、如今依然挺立在沪闵路与北松公路交会处的古银杏，或许尚

北桥老街留下的一段弹格路（李仁浩　摄）

可聊以安慰。

当然啰，在不远处，还有一幢建于80多年前保存完好的原民国上海县政府大楼。1949年新中国成立，新的上海县人民政府也设立在此处。不过如今被包围在部队大院内，外人几乎无缘一睹其真容。

北桥人至今常说：“北桥穷虽穷，还有三千六百斤铜。”这是指当年北桥曾拥有过的一口铸于明万历年间的大铜钟。

在民国之前，北桥有一座规模宏大的明心寺，又称明心教寺，据《上海地方志》称，“故址在今北桥镇中国人民建设银行北桥营业所。公元889年（唐龙纪元年）建，一说建于公元907年（五代梁开平元年）。初名华严院，僧诵《华严经》。1064年（宋治平元年），赐‘明心院’额；1391年（明洪武二十四年），赐‘明心教寺’额。清乾隆年间重建大殿，修钟楼，鼎盛时有房5048间。有石函观音像、华严塔、义虎讲台、古桧诸胜，后寺毁物亡。遗存明万历大铜钟，1935年（民国二十四年）建钟楼悬挂，钮永建撰记，‘文化大革命’起，楼受损，1982年钟移置龙华寺。”

这一座千年古刹是遭火灾被毁的。没毁之前香火鼎盛，是当时上海的第二大寺，仅次于龙华寺。我有时候想，倘若这座明心教寺还在，那北桥不会是现在的北桥了。

我们小时候乘徐闵线沿沪闵路经过北桥时，其实还能看到那幢混凝土结构，仿北京地安门鼓楼呈方形的三层钟楼。那时候还有人叫它“炮楼”。20世纪90年代初，钟楼被拆除了。这不得不说又是一大遗憾。

以前的北桥，还真有一座桥，名叫放鹤桥，其来历与西晋名人陆机（261—303）有关。陆机，字士衡，西晋文学家、书法家，世称“陆平

建于1934年的北桥钟楼，已于20世纪九十年代初拆除（资料图片）

原”，与其弟陆云合称“二陆”。陆机的祖父陆逊是三国时期吴国大将。吴国灭亡后，陆机隐退松江小昆山，除了闭门勤学，最喜欢养白鹤。相传某个秋日陆机带了白鹤，来到东乡，即今天的北桥一带，在俞塘河木桥上放鹤，当鹤一出笼，就长鸣三声，凌空飞去。陆机养鹤多年，但从未听得过鹤叫，开心得连声叫好。其后，他筹资把这座俞塘木桥，改建为石桥。陆机死于“八王之乱”，被夷三族。临死之时，对弟弟陆云讲：“华亭鹤唳，尚可得闻乎！”念念不忘在北桥听到的鹤鸣声。松江曾被称作华亭，而当时北桥属松江。

当地人为了纪念陆机在此听见鹤鸣，遂将此桥改名为“鸣鹤桥”。后人感到鸣鹤叫起来不顺口，因此又改称“放鹤桥”。为了与黄浦江南的奉贤南桥相对，放鹤桥又被称为北桥。北桥用紫云石砌成，宽4米，长30米，今已毁。

现在北桥老街上只有一座横跨俞塘河的石桥，在西街，可算是北桥的标志。

说到这里，就不得不要提下紧靠北桥老街南首与之并行的俞塘河竟然也有着千年的历史，而且还有许多文人墨客曾为它吟诗作赋。

俞塘河源自淀山湖，经松江泖河入口，自通波塘贯五里塘、洞泾、北泖泾、华阳桥、车墩入马桥境内，东流经北桥、塘湾、吴泾，交女儿泾、北沙港、北竹港、横沥泾和淡水河，入黄浦江，全长25.5公里，其中闵行区境内长14.6公里。

俞塘河在南宋淳熙二年（1175）就有疏浚记载。明中叶曾大力兴修，河面宽阔，清同治五年一再修治，光绪二十七年再次疏浚，民国十七年（1928）疏浚时，由于经费有限，只得草草竣工。

1949年，上海解放后，松江专署制定修浚俞塘河的计划。1951年12月，中共上海县委成立修浚俞塘河工程事务所，1952年1月工程开工，4月全线竣工。1969—1970年，北竹港至女儿泾段截弯取直，形成目前河段。

千百年来，俞塘河为两岸人民在抵御洪涝灾害、促进水路交通运输、发展经济民生等方面发挥巨大作用，也留下许多脍炙人口的诗篇。南宋淳熙年间诗人许尚留诗：“延袤三乡外，东流与海通。河神屡加惠，帆借往来风。”“千里平地沙，连通江海湄。谩传因泼浪，疑是蚌成基。”清代马桥诗人黄霆题：“初交白露气微凉，点额风吹古墨香。待得沙冈新稻熟，满盘月饼已先尝。”康熙二十八年（1689）正月初九，康熙皇帝南巡御船经过俞塘时，当地诗人董含作诗《南巡歌》，其中写道：“凤舞龙飞五百年，‘六桥’花柳最鲜妍。君恩不禁行人看，放鹤河头泊御船。”清光绪年间诗人顾翰题有：“北俞塘上草芊芊，风景萧萧异昔年。休说当时难卖处，于今择地不论钱。”民国时期诗人秦伯未留下《三月俞塘》曰：“三月俞塘春水生，春风吹起浪花轻。乡居不识鸳鸯鸟，日日滩头打鸭行。”

如今的北桥似乎彻底落寞了，老街的称呼只是象征意义上的，北桥之名从行政地名上更是不复存在了。这个两度作为上海县治的北桥镇于2000年被撤销并入了颛桥镇。其实从历史上看，早在明代时颛桥是归北桥的，清乾隆《上海县志》称：“北桥镇，与莘庄相接，地多产木棉。”同时称颛桥为“颛桥市”。那时从建置上说，镇比市大，也说明繁盛程度。

我听说，当初北桥、颛桥合并，新镇定名颛桥时，还有北桥人表示不服的。但世事轮回，又奈何人？

当年人称“小上海”

沪闵路最南端，就到黄浦江了。过了江便是奉贤。

这里有个百年渡口，当今官方称谓“西闵线轮渡站”，该渡设于清末民初，最早为民间手摇船摆渡。

沪闵路筑好通车的10年后，即民国二十一年（1932），连接江对岸沪杭公路的轮渡由当时的全国经济委员会在这里创办了全国第一家车辆轮渡。

渡口原本是直对着沪闵路的，只不过这些年来因市政建设需要已两次西移。现在原址上建起了闵浦二桥，代替车辆渡的功能，它同时是公路和轻轨上下叠合桥梁，于2007年1月8日正式动工修建，三年后，即2010年5月21日，公路层正式通车。而5号线南延伸段到奉贤南桥的轻轨则于2018年底正式通车。

沪闵路东侧，靠原轮渡站这里，现在是一幢幢的商品房，有“浦江花园”“星河景苑”等几个小区。但生于20世纪70年代或之前的老闵行人都知道，原先这里就是闵行老街。而人们口中的老闵行，其历史就是始于此。

闵行老街所在地为原闵行镇。闵行之名的来源说法颇多，但源于“敏行”最为可靠。1504年弘治《上海志》始有敏行之称，1512年正德《松江府志》始称闵行，1750年乾隆《上海县志》初见闵行镇。从元代设黄浦江闵行义渡，到明代初年设立黄浦巡检司，再到明末清初，正式被官府确立为建制镇，并以重镇载入史册，这里逐渐发展成为申江门户，水陆要津，并且人文荟萃。

闵行渡一带的经贸活动日益活跃，催生了闵行老镇由东向西、由南向北逐步延伸，易园、李园、项宅等大户人家的宅院纷纷建成，形成新的街巷。出现了以南北大街为主干，前东街、后东街、老西街、新西街纵横其中的格局。这些阛阓布局、名人往迹、祠庙馆所、园林官邸、民居商铺及市井风情交织在一起，浓缩为老街的精髓。纵横交错的街巷正是老镇的脉络所在。而当地人更习惯于把它叫作“闵行老街”。

老街上曾有近20条小街巷，还有些小街连正规的名称都没有。清同治《上海县志》有一段关于“韭菜街”的记载：“张必荣，字季华，归安（今浙江湖州）人。鼎革时奉母梅民避乱遇盗，母子赴水，藉枯木浮至闵

20世纪90年代的韭菜街（资料图片）

行，遂家焉。梅喜食韭，必荣种韭养母，人呼其里为韭菜街，卒附祀孝悌祠。”这条声名远扬的韭菜街就位于闵行老街东南部。

民国十七年（1928）后，闵行镇成为上海县首镇。到1946年时，老街街面上已有商铺395家，涉及18个行业，另有个体摊贩48户。用当下的眼光来反观，论品牌多是百年老字号、家传有序，论特色多是镇上仅此一家、别无分号，远非同质化日趋严重的大型SHOPPINGMALL所能及。黄浦江畔的外滩街是粮米棉花毛猪建材的集散地，吸引了江、浙、皖、闽、豫等省商客纷至沓来。单说这毛猪，外滩毛猪市场在镇上是出了名的热闹，菜场肉摊头上出售的猪肉自然是现杀现卖的。若是在老街的大小饭馆里点上一份“红烧肉”，那滋味也是可想而知的了。

故而当年人称老闵行为“小上海”不是没有道理。所谓“正月梅花开来心里黄，上洋首镇算闵行。东西黄浦多通畅，客商船只进出忙。”这首竹枝词所描绘的正是昔日闵行老街的繁盛景象。闵行老街位于北横泾入黄浦江地段两侧，因无水旱之患，自古还传有“三世修来住，家在闵行前”的谚语。

1989年的老街失去了往日的宁静，一批批搬场车、收旧货的黄鱼车过后，土方车开进了老街。一批批动迁户搬离了老街。

一晃，闵行老街从我们的生活中已消失二十多年了。虽然过了这么长时间，但我还能清晰地记得老街的风貌。

穿过熙熙攘攘的集贸市场，便见一条南北走向的街巷，鳞次栉比的商铺，摩肩接踵的人流，伴着自行车铃的叮当声，孩子们在快乐地追逐嬉闹，喧嚣中裹杂着不远处黄浦江的潮气。

老街最热闹的所在，自然要数这条南北大街，不长，才数百米吧，

20世纪80年代的南北大街（资料图片）

虽名为“大街”，其实也并不宽敞，仅两米左右，街面是石板路，有点凹凸不平，高跟鞋在路上敲打有种金属碰击般的质感。老街两边的建筑多为两层的木结构楼房，斑驳的墙面，摇摇欲坠的格子木窗，一看就知道有年份了，下面是店铺，上面是居家，两旁用于晾晒的衣架几乎交叉在一起，天气好的时候，上面是一排排的衣被，下面是人流，遮了阳光。电影里的老镜头似乎常有这种表现，弥漫着一股很亲切很乡情的味道。

老街上有一家“洋布”店，以卖绸缎和布匹出名，好像没有成衣。这里曾是主妇们的乐园，过年过节前扯点布回去，雇一个走街串巷的裁缝师傅，就可给家人做上一身光鲜鲜的新衣服了，也可以给即将出嫁的女儿攒上几样压箱货。最有意思的是，店堂两头吊着几股铁丝，连接到中间高高的账台，营业员这头做成了一笔生意，填了单，收了钱，顺手往挂在铁丝上的铁夹一夹，“嗖”的一声，铁夹顺着铁丝“飞”到了账台那头，核好账找好零，又是“嗖”的一声，回传过来，交给顾客，这笔买卖就算妥当了。

每逢节假日，中午时分，最热闹的莫过于位于老街中央的那爿点心店，店堂不大，也就四五十平方米吧，但人气很旺，逛街走累了，在这里歇歇脚，花上几角钱，来一碗热腾腾的阳春面或小馄饨，真是“适意”之极。店堂里好像永远是满满当当的，每个小方桌边不光坐满了人，也站满了人，要寻到一个空位，那得眼疾手快。这里最好吃的莫过于汤团了，无论是芝麻馅的还是鲜肉馅的，咬上一口，糯的爽口，鲜得来呒闲话讲。

老街上的还有家寄卖商店也是一大特色，这里简直就是个百货行，从生活日用品到五金商品，几乎应有尽有，但一律都是旧货，居民们把自家多余的或更新换代下来的生活物资拿到这里来寄卖，当然也有是家里日子难过，不得不寻些旧货来换钱。小到铁锅、水桶，大到自行车、家具；贵重的如手表、收音机、电视机，都能在这里找到踪影。20世纪七八十年代，还能见到红木家具等老货的踪影。我有一个忘年交朋友，在80年代初就曾在这里花了数百元买到了一个红木的梳妆台和四把雕花椅子，据说如今已经升值到几十万元了。那时没有这个闲钱，也没有投资意识，否则盘下寄卖商店的“老货”，或许就大发了。

随着20世纪50年代末的镇西大规模开发和80年代起的动迁改造，这里的老屋老房也好，优秀建筑也好，历史文物也罢，逐一被拆的拆、迁的迁。到1992年建立闵行新区时，只剩五条较为完好的老街，没过几年也都消失在地图上。一个具有五百年历史积淀润泽的闵行老街彻底消失只用了短短数十年。

闵行老街动迁后，老建筑仅剩下一幢项宅（资料图片）

闵行区域内的老街说多也不多，说少也不少。但如闵行老街这般充满历史风情与江南韵味的，却少之又少。这一点，即如“千年上海看七宝”的古镇七宝老街，都不能比肩的，目前正在实施动迁的颛桥老街和即将规划修建的杜行老街更是相形见绌。有的老街因为没有历史底蕴和建筑特色，拆了就拆了，但有的老街拆了实在是可惜之至。就如闵行老街。我不知道对老街如我感怀的还剩多少人，但我确信，出生在20世纪六七十年代，并住在老闵行的人都不会忘了老街的，老街将成为我们永远的记忆。

一声叹息。我们是如此怀念老街。

似锦繁华是吾乡

来过，未曾离开。

听轶事，赏风景，一路走，一路遇见。沪闵路上人文风物美，乡愁感怀相伴。

停不下的行走，只因心在路上。

上海南站：旅途的开始

特地选在过年前的几天去铁路上海南站，原以为春运期间那里一定人山人海，拥挤不堪，于是还专门关照同去的摄影师注意保护相机和财物，不料实地走一趟，没有想象中的那般壮观，除了取票处的人多些，几个进站的口排队都不长。那种熙熙攘攘、人声鼎沸的画面怎么没有？

想想也对，再过两天就是年三十了，该回家的早回家了，中国人的过年不比其他假期，都看重着呢，何况车票难买，抢在前头是情有可原

上海南站一角（林言　摄）

的，听新闻说现在的春运都是大打提前量的，在过年前的十五天就开始了。今年（2018年）春节是2月5日，但春运从1月21日（腊月十六）就开始了，到3月1日（正月廿五）结束。

春运，被形容为一年一度“全球最大的人口迁移”。我的老家就在本地，用不着为春运回家烦心，何况也不喜在春节到外地旅游“轧闹猛”，所以丝毫没有春运那种紧张的感受。只是每到这个时候，单位里家在外地的小伙伴已经坐立不安，喜忧参半。他们中有的家在冰雪皑皑的东北，有的在福建、江西、浙江一带，一方面是归心似箭地想着回家；另一方面票难买，车（飞机）难坐，得时刻关注票务信息，“落手”慢了就回不了家。每当在新闻里，电视上看到火车站、机场那种汹涌澎湃的场面，我就有种崩溃的感觉。

我去上海南站当然不是去体验什么“崩溃”的感觉。上海南站作为上海铁路客运的南大门、上海铁路枢纽的重要组成部分，它就设立在沪闵路旁，离市区起始段不远处。而具体门牌号则是老沪闵路289号。

更重要的这里还是老沪闵路与沪闵路的交汇点，老沪闵路1号就在这里不远，它现在属于上海轨道交通梅陇基地。穿过沪闵路，与老沪闵路相对的便是桂林路。

上海南站正正好好被沪闵路、老沪闵路、石龙路、柳州路包围着，犹如一个正方形。

我的同事是一个有着25年之久驾龄的老司机，这天去上海南站，他有些疑惑地自言自语道：“老沪闵路怎么与桂林路相对了呢，原来不应该是在这里的呀。”我自以为看过一些史料，便解释道，这段路最初是同漕溪路相通的，沪闵路筑好后，这里的变化最大，原有的老路废弃的废弃，

春运，被形容为一年一度“全球最大的人口迁移”（林言 摄）

被其他路覆盖的覆盖，尤其自2002年初，启动上海南站建设后，道路更有所变化，如果不是道路建设专业人士或查找原始档案，谁都难以说清。

但我在作这番解释时，其实是遗漏了一点的，原本上海南站叫新龙华站，以货运为主，随着徐汇城区面积不断扩大，新龙华站曾经西移，直到20世纪90年代初，上海开始有建设上海南站的计划，当时称“上海第二客站”。

1996年11月，上海市政府、原铁道部提出，铁路上海南站的规划要按“统一规划、一次动迁、同步实施、逐步完善”的原则，并在第二年5月完成了相关工程方案和设计报告。1998年3月，规模为3台7线的上海南站应急工程启动，并于1999年底正式投入运营，部分经原沪杭铁路南下的列车转到临时的上海南站到发，解决了上海站运力不足的问题。

2002年4月9日，上海南站工程建设指挥部正式成立，这标志着上海南站交通枢纽工程全面展开。四年后，即2006年6月19日，浩大的建设工程终于完成，经上海市政府和原铁道部验收，同月20日售票处开窗售票。

上海南站的建筑设计方为法国AREP公司，立体建筑从外观看好似一个飞碟。我们那天驾车从沪闵高架下到南站时，有个同事说，这像个大盘子，还有个同事则说像个草帽。后来看航拍图，还真有点那么回事。它最大的建筑特点就是地面建筑少，三分之二的建筑面积在地下，为绿化腾出了空间。

上海有四大火车站：即上海站（我们习惯称之为新客站）、上海虹桥站、上海南站和上海西站。据说初次来上海的人常被搞混，虹桥站刚启用时，就有许多人拿着虹桥站的票子稀里糊涂地跑到上海站去乘。这也没办法，谁叫上海是特大城市呢？上海南站是上海的南大门，也是联系长江、珠江三角洲及中国南方其他城市包括港澳地区的重要交通枢纽。线路覆盖上海、天津和重庆3个直辖市，以及浙江、江苏、江西、黑龙江、内蒙古和海南等17个省。

我最早是在2007年的国庆节从上海南站乘坐过一趟和谐号动车去杭州玩。那时上海南站才启用一年多，纯粹是图个新鲜。后来发现我从老闵行乘车到上海南站，安检、候车也要花上一个多小时，虽然动车的速度快，一个小时就能抵达杭州，但总体时间不会少于三小时，且到了杭州站后出租车实在难叫，还不如我自己开车来得方便。于是后来去杭州再也不坐火车了。其实，在二三十年前，我们去嘉兴、杭州一带玩，基本上

老沪闵路与沪闵路在此交汇（林言　摄）

是从松江站乘绿皮火车去的，现在有了动车、高铁，那些三等小站都不停靠了。

去年年底，我到斯里兰卡旅游，乘坐加勒到首都科伦坡的海上火车，据说这是被众多旅游杂志奉为世界上最唯美的铁道线路。然传说与现实不同。事实上这些火车已有百年历史，每节车厢几乎窗破门无，不过这似乎还是当地居民的主要交通工具，游客和他们混杂其间，分别成了彼此眼中的风景。鼓手、歌手等一波卖艺者穿梭其间，表演完毕伸手要钱，期间还有纯粹的乞讨者；而那些当地的乘客从穿着打扮来看，贫富贵贱一目了然。所谓海上火车，并不是真的在海上开，而是沿着西海岸。一路上站点颇多，犹如我们国内多年前绿皮火车的慢车，开开停停。不过吹着海风看沿途风景，其实还是挺有意思的，可以欣赏到当地颇有特色的风土人情。

动车和高铁当然高速便捷，但少了那种情趣和生活乐趣。

嗨，那个大转盘

2019年1月1日，冯敏在朋友圈里写下这么一句话——“新年第一拍，摩天轮常转，好运常伴。”附图便是锦江乐园那个直径达108米的摩天轮。

我把此摩天轮称之为大转盘。事实上，很多上海人都这么称呼它的，很多上海人更对它情有独钟。

冯敏是一家电气企业的总经理，她是这“很多上海人”中的一位。她的单位就在沪闵路虹梅路口的锦江乐园附近。

这一段的沪闵路甚堵，尤其是上下班高峰时，所以冯敏常被堵在这档口，望着不远处的大转盘，她总是不由自主地拿出手机，拍几张照。

冯敏说，锦江乐园见证了她童年的欢悦，青年的成长，而如今的人生就像这个大转盘，周而复始。

的确，作为改革开放后的上海第一家大型现代化游乐园，锦江乐园于1984年国庆节试营业，1985年2月1日正式运营，至今已经整整走过了35个年头。不长，也不短，但说见证和陪伴了几代人的成长并不为过。它占地面积170亩，共有40项游乐项目，适合各种年龄层次的游玩，每年接待游客100万人次左右。

而那个巨大的摩天轮，则是中国首座巨型摩天轮，于2002年5月与上海市民正式见面，一晃已有17个年头了。尽管这些年来，闵行经济发

摩天轮（大转盘）是锦江乐园的标志性建筑，也是闵行的地标（资料图片）

1984年9月30日，沪上各大报纸第一次出现了锦江乐园的广告（资料图片）

展迅速，许多更高大、更时尚的建筑在这片热土上拔地而起，但人们仍习惯性地将这座摩天轮视为闵行的地标。有人把它形容为一只大眼睛，每天笃悠悠地转着，俯瞰着来去匆匆的人流和车水马龙的都市。

20世纪80年代初，改革开放让人民生活水平不断提高，文化消费不断增加，文化需求不断增多。发展健康的文体活动，丰富全市人民的文化娱乐成为市委市政府重要工作内容，兴建一座现代化的游乐园被市政府提上议事日程。

锦江乐园最初叫“康乐园”。上海县和市府机关事务管理局经过数次共同探讨和商议，拟合作建设该园，并于1983年12月16日报文请市人民政府审批。当年记载此内容的文件，如今被保存在上海市档案馆的档案库里。档案中这样写道：“我们认为，兴办这个‘康乐园’是可行的，好处是施工期短，收效快。建成以后，既可作为旅游点，又可丰富人民的文娱生活。”

1984年2月，经市府批复同意后，作为参与建设方之一的上海县农工商联合总公司向市规划局申请建设康乐园的用地报告。在乐园的选址上，考虑既靠近市区、又要交通便捷，经多次实地踏勘和进行方案比较，并征求供电、规划、交通等部门的意见后，最终选定在沪闵路与虹梅南路的交叉处。

锦江乐园刚开业时，我刚初中毕业不久。彼时这里的地块属上海县梅陇乡，沿沪闵路往东直到漕河泾一带这么大一片区域也都属上海县。后来区划调整，也巧，过了锦江乐园竟成了徐汇区的地盘，幸好锦江乐园没有被划去，留在了如今的闵行，否则闵行人又要痛惜和感慨一番。虽说都是上海市的，但兄弟分家，好东西都被别人占了去，说再大方，心头总是不爽。但这里已不再属梅陇，而是新成立的古美街道。梅陇与古美如今大致以沪闵路为界，但南方商城这里倒是除外。

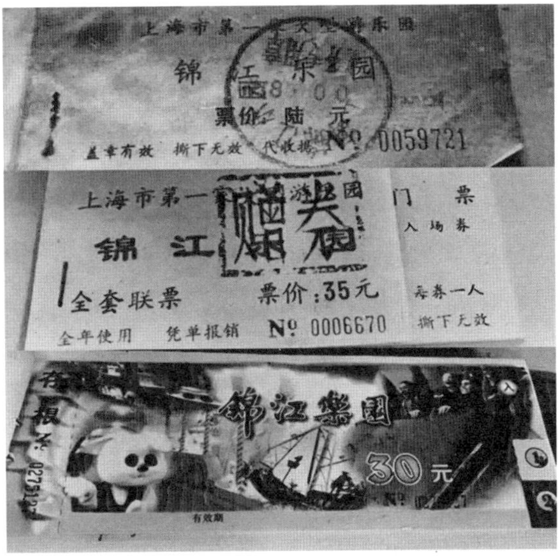

不同时代的锦江乐园门票（资料图片）

初期锦江乐园设计为18个游乐项目，全部从日本引进，占地150亩。到了1984年10月1日国庆，乐园试运行期间，8个游乐项目对外运营。游乐项目虽然不多，但却引起了空前的反响，市民们争先恐后来感受上海第一个大型现代化游乐场的欢乐。

而我虽然是闵行本地人，但当时对于一个十五六岁，还在求学的少年来说，去锦江乐园“白相”，那简直是种奢望，尽管此后曾无数次乘坐着徐闵线巨龙车经过那里，但只有羡慕地看着热闹的乐园，可这些热闹与我无关。

通过国庆期间试运行的反馈，运营方发现新建的乐园远远不能满足市民的需求。

1984年11月5日，上海锦江联营公司向市计委、外经贸委提出《申报锦江乐园扩建项目的计划任务书》，并提出进一步增加游乐项目，以适应老年、中年及青年各类游客的爱好和满足各界人士及外地来沪游客的不同需要，并力争年底全部项目竣工，逐步发展为一个有特色的综合性大型游乐场的设想。

具体增建项目包括：一个直径为50米的旱冰溜冰场，附配套机房，更衣等建筑物200平方米；一个容纳300—400人的全景电影院附休息厅；一个75米游泳池附更衣、沐浴、锅炉房；一座规模为200间客房的6层中等宾馆及其他一些游乐设施。这一提议也得到了市政府的大力支持，并很快投入建设。

锦江乐园的游乐项目在国内极其少见。因此，在开园后直到整个90年代里，它都称得上是全中国最著名的主题乐园之一。那时从全国各地来上海旅游的人们除了外滩、南京路必去外，这里也是主要的选择景点。

开园初期，锦江乐园一张门票为5角钱，在80年中期，尚属平民化，故而十分抢手，到了周末，更是一票难求，需要限量购买，像过山车这样定时开放的热门项目，往往要排队好几个小时。锦江乐园当时的火爆程度从闵行区档案馆藏的《锦江乐园开业一周情况简报》中可见一斑：“六天接待游客28053人，其中星期日接待7680人。”“许多惊险的项目需要排队两小时以上。”1985年的日接待量达到7680人，这在当时已经是一个非常惊人的数字了。最鼎盛的一年，还要属1995年。那一年，地铁一号线（徐家汇到锦江乐园段）正式建成通车，锦江乐园的交通状况得到了很大改观，一时间游玩者蜂拥而来，园内游人如织，当年累计游园人数达到230万，比开园第一年的接待量还要翻了一番。这样的盛况，跟现在的上海迪士尼有得一比。现在，锦江乐园的门票有100元和60元两种，100元附赠6个项目，60元则只有两个。1.3米以下儿童可以买10元的观光券，但是不能玩任何项目。

许多中小学组织学生春游，或者“六一”时的活动，锦江乐园都会被列入首选名字，可谓风光无二。在人们心中，锦江乐园是无可替代的NO.1。

毫不夸张地说，曾经的锦江乐园是闵行人的骄傲。而我直到女儿读小学时，才带着她第一次走进锦江乐园的大门。那时，锦江乐园已开业20年了，且经过了几轮改造。这一点似乎要感谢女儿，没有她闹着要去那里玩，或许我还会与锦江乐园失之交臂。可能真的要等到想写这段文字时，才会实地走访一番。

那次我印象中没有玩任何项目，只是看着女儿快乐地玩耍。有的娱乐和游戏节目一旦过了这个年龄层便不再吸引人了。

其实我对锦江乐园还是很有亲切感的。就冲着“锦江”两个字，我的哥哥是上海锦江国际集团的员工，17岁进该单位，几乎工作到退休，是不折不扣的老牌“锦江人”，而锦江乐园正是由锦江集团投资管理的。

“人无百日好，花无百日红。”进入2000年，各种不同类型的主题公园如雨后春笋一般在国内涌现。就拿上海来说，在锦江乐园之后就建起了欢乐谷、热带风暴、星期八小镇、巧克力开心乐园等，2016年，上海迪士尼乐园落成开园更是掀起了更高的热浪。此外，上海周边也陆续推出了常州恐龙园、嬉戏谷、苏州乐园等一系列新型主题公园，室内主题公园也是屡见不鲜。

此情此景，市民们自然是“喜闻乐见”的，但相比之下，年代久远、设施落后的锦江乐园面临着巨大压力。近年来，锦江乐园为了配合沪闵高架、虹梅南路高架等市政工程项目的修建，几次缩减了自己的营业面积。场地小、停车难，因修建初期未全面考虑到的下雨天游戏项目游玩等问题都成了锦江乐园的短板。如果没有新鲜的内容注入，锦江乐园恐怕会逐渐模糊在人们的记忆中，剩下的只有其地标建筑和人文情怀的象征了。

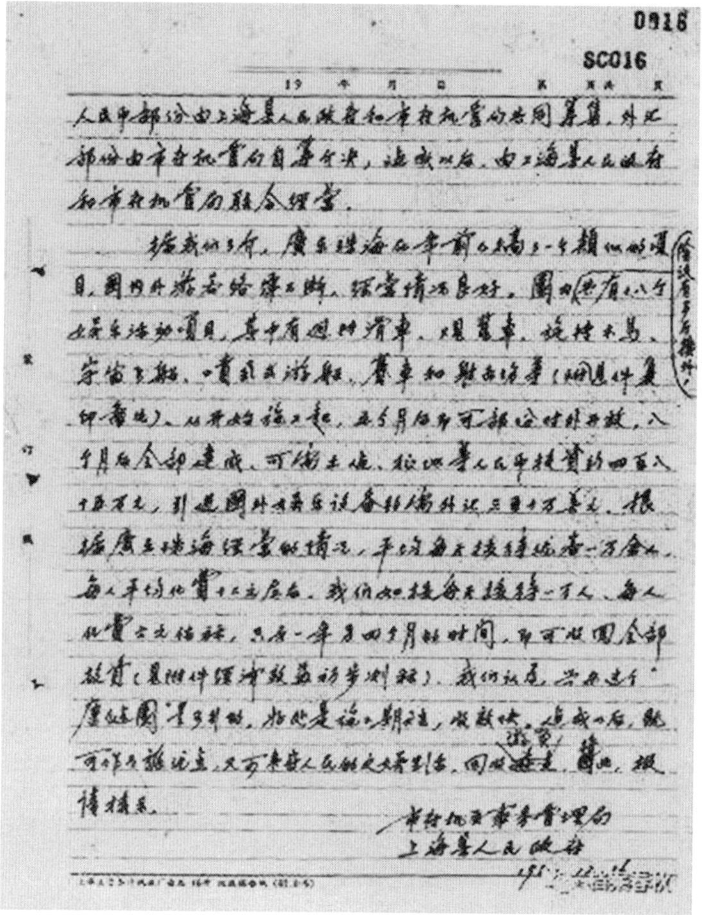
0916
SC016

人民币部分由上海县人民政府和市商业机关共同筹集，外汇部分由市商业机关自筹解决，建成以后，由上海县人民政府和市商业机关联合经营。

据我们了解，广东珠海在年前已搞了一个类似的项目，国内外游客络绎不绝，经营情况良好。园内共有八个娱乐活动项目，其中有过山滑车、碰碰车、旋转木马、宇宙飞船、喷气式游艇、赛车和射击场等（附照片复印件），从开始施工起，五个月后即可部分对外开放，八个月后全部建成。[illegible]，拟以县人民币投资约四百八十五万元，引进国外娱乐设备所需外汇三百十万美元。根据广东珠海经营的情况，平均每天接待游客一万余人，每人平均收费十二元左右。我们如按每天接待一万人、每人收费六元估计，只要一年另四个月的时间，即可收回全部投资（见附件经济效益初步测算）。我们认为，兴办这个游乐园是有好处的，好处是投资期短，收效快，建成以后，既可作为旅游点，又可丰富人民的文娱生活，[illegible]。报请核示。

[illegible]
上海县人民政府
[illegible]

关于申请建造锦江乐园的档案（上海市档案馆藏）

当然，闵行地理位置优越，交通网络发达，同时具有极强的文化包容性。借助于此得天独厚的条件，作为一家老牌的游乐场，锦江乐园有底子、有经验，不甘愿成为一个过去式，始终在找寻自己的下一个春天。

从2000年起，锦江乐园持续设备更新改动，加入了摩天轮、VR过山车等新设施，人们记忆中最深的老一代过山车“退休”那天，许多人都哭了。锦江乐园第二步的计划是对外寻求合作改建，组织了动漫主题游园会，并与当下火热的直播平台联合打造线下嘉年华活动。此外，锦江士林夜市小吃的推出，也着实吸引了一波人气，去年的士林夜市更是加入了成都宽窄巷子的新元素。

在寻求创新路子的方式方法上，锦江乐园已经做好了规划和准备：欲打造“游乐+”模式，将游乐与美食、亲子互动、购物聚为一体，积极与国际接轨，向上海的定位靠拢，做城市中的精致乐园。

冯敏说，只要那个大转盘还在，她还会继续拍下去，还会晒朋友圈。

我也这么想，沪闵路上有这样的景观，还是挺不错的。

1986年的锦江乐园，一墙之隔就是沪闵路（陆杰　摄）

到“南方”去

如果有人问，20多年前，闵行哪个地方最吸引人？答案一定是五花八门的。

有人说是锦江乐园，那不错，它是改革开放后上海市建造的第一个大型主题公园；有人说是七宝古镇，其实那时老街还没起“蓬头”；至于莘庄公园，梅花也没如今开得这么艳，偏居一隅，少有人去赏花。至于召稼楼、闵行体育公园、热带风暴水上乐园等都还没造起来。

其实真正能够吸引人的，一定和人们的生活、娱乐、休闲有关。

在上海市区人概念中，闵行就是“乡下头”，而且是很“落乡”的“乡下头”，虽然紧挨着徐汇，一条沪闵路直通徐家汇商圈，但很长时间来，闵行自身的商业氛围实在是令人难以恭维。20世纪90年代初期，竟然连一家大体量、规模型的综合商场都没有，南部老闵行地区只有一家创办于50年代末期的闵行百货商店，而中部的莘庄稍微像样点的则是由县供销社投资的海星商场。这些商店（场）以现在的眼光看，就如“摆摊头”的，本地人基本不会去逛了。至于北部的七宝、华漕等地，也几无像样的商业网点。到90年代中期，人们都开始用上了BP机和手机，而闵行区也逐渐成为人口导入区，但连看电影、吃饭、买衣服这样的小事，闵行人也要去徐家汇、人民广场和淮海路。

“去上海”是当年老闵行、吴泾、颛桥、莘庄、七宝、梅陇一带去市中心购物的习惯称呼。梅陇莘庄颛桥老闵行居民沿沪闵路向东北，七宝居民由漕宝路往东，吴泾居民从龙吴路朝北，虹桥居民顺吴中路一路向前，汇集到徐家汇商圈……那时的徐家汇不仅是徐汇区的政治经济中心，也是闵行区的外部经济中心，购物、娱乐首选地。

那时有人戏称，闵行人辛辛苦苦赚了钞票，一趟徐家汇跑下来，又被徐汇人轻轻松松赚了去。

直到1995年6月，位于沪闵路梅陇镇地块的上海南方商城开业，这样的状况才有了根本的改观。

闵行人不再一窝蜂"去上海"，而是分流到"南方"去了。闵行人从此缩短了中高档消费的半径。到"南方"去一度成为时尚。

南方商城最初的全称叫上海八佰伴南方商城，是上海首家实行会员制的百货大卖场，集购物、娱乐、休闲为一体，还设有新华书店和电影院，属于功能齐全的商业综合体，它是由当年辉煌一时的日本八佰伴国际集团和闵行当地政府，联合新加坡企业投资创办的。八佰伴是1930年由日本一对农民出身的夫妻创办的，原是一家小型商店，主要售卖水果。第二次世界大战后逐渐扩展成日本一家连锁超级市场集团，后来还在东京证券交易所上市。我之所以对它印象深刻，是因为当年轰动一时的日本电视剧《阿信》就是这对夫妻的故事原型。自1990年代起，八佰伴大幅扩展其海外业务，在中国内地开设多家分店，全盛期在世界16个国家和地区共有450家分店。由于扩展过速，加上受1997年亚洲金融风暴影响，及日本泡沫经济破碎后的调整等多项因素，八佰伴最终申请破产。城门失火殃及池鱼，这也导致南方商城一度陷入困境，最终由上海友谊集团斥巨资收购，股东变更。

南方商城后被友谊集团收购（资料图片）

南方商城的地块原属梅陇镇（乡）的陇西村，地理位置极佳。它的东面是梅陇镇政府所在地，现在是莲花国际广场，再往东就是锦江乐园，而紧靠沪闵路自然是最大的优势，这样的话，从市区向西的人流，就被南方商城拦住了；从奉贤、金山向东进市区的人流，也在这个位置被拦住了。其实这个区域就是一个缓冲地带。

20世纪90年代初，上海的城市化进程不断向西延伸，大量人口随之导入，梅陇地区首当其冲。作为市郊结合部的梅陇被大量征地，耕地面积越来越少，农村也在慢慢消失，但作为郊县通往市区的西南门户，其地理位置无疑得天独厚。随着周边区域大量人口导入大客流的形成，发展第三产业的土壤日益成熟。特别是沪闵路连接徐汇沿线一带条件相对比较好，

百联南方购物中心的夜景（资料图片）

这块区域10公里范围内，已建成的和在建的一大批住宅区，有几十万的潜在消费者，不少居民具有相当的购买力。尤其是沪闵路上公交线路众多，交通非常便利，而于1993年运营的上海地铁一号线，在这里设置了莲花路站，又会引来庞大的客流，这为该区域发展第三产业创造了良好的条件。闵行区原来就想顺应城市化建设发展这一潮流，在沪闵路沿线一带发展有档次、有亮点、有品位的大型商业，而梅陇区域无疑占据着“天时、地利、人和”之优势，在当时看来建设一个综合性的大型购物商场项目是最佳的选择。于是南方商城呼之欲出。

至于南方商城的“南方”二字的由来，当年的建设者也给出了说法：以前上海有南北两个停车场，在现曹杨地区的停车场叫北方停车场，在闵行梅陇地区的叫南方停车场。这个南方停车场原先的位置，就在现南方城小区的位置。随着经济发展的需要，停车场被搬迁到同属梅陇区域的银都路。或许是因为习惯的原因，附近许多地名都以“南方”二字冠名，比如较早的居民小区南方新村，及后来的南方公寓与南方城。那么紧靠南方停车场边上建造的商城，命名为南方商城是再自然不过的事了。当然，这也反映了一个时代的特征。

南方商城开业以来，经历了一系列的波折。1998年11月，上海友谊集团收购了55%的股权后，将“八佰伴南方商城”更名为友谊南方商城，从而成为上海首家以社区商业服务为导向的大型购物中心。2003年，友谊南方商城并入百联集团。经扩容整修后，于2004年12月，正式更名为百联南方购物中心，定位为满足大众需求，方便百姓购物，引入家乐福大卖场，中等消费层次的服饰、餐饮等。

2008年，在百联购物中心西侧的扩建项目竣工，成为新的商业综合体——友谊商城，这是上海西南城区中环以外，第一家专售高档百货的大型商场，以销售境外一线、二线品牌为主，堪称“小恒隆”。它与百联购物中心连成一体，通过二、三、五层3条宽9米的空中长廊连通。

南方商城的建成与我而言，最大的好处是能够及时欣赏到院线同步上映的电影。那时无论是老闵行还是莘庄一带，竟没有一家类似的电影院。要看电影需去徐家汇的美罗城等地方，实在是有点不方便，好在南方商城影院满足了我这个愿望。当年在那里我看过不少电影，记忆深刻的有《花样年华》《卧虎藏龙》《窃听风云》，还有美国大片《金刚》《达·芬奇密码》等。友谊商城开业后，新建成的世纪友谊影城设施更好，更时尚，就又成了那里的常客。直到莘庄仲盛世界商场开业，我才转移“阵地”。

现在闵行区内有院线影院40多家，拥有大大小小的播放厅300多个，可满足不同年龄层次观众的观影需求。而我后来从莘庄搬回老闵行住后，这里也有了碧江生活广场和置业广场（欧尚）两家院线影院。

如今创闵行商业综合体风气之先的南方商城已形成集聚效应，大商圈氛围已然呈现。新建的连廊和周边道路的改建，让行人可以自由往来于地铁站、南方商城、莲花国际、城开中心（中庚漫游城）等商业广场之间，解决了从地铁、公交站来南方商城消费人群流量的问题，也缓解了沪闵路等地面道路的交通压力。以南方商城为龙头的南方商务区被评为"全国社区商业示范社区"。

不过，到"南方"去，已不是闵行人的主要选择了。如今虹桥天地、仲盛、龙之梦热度不减，宝龙城、七宝万科广场人潮涌动，怡丰、万象

新建成的空中连廊连接起了商场、路口、公交枢纽站等多个地点（资料图片）

城、颛桥万达广场如火如荼，位于沪闵路剑川路口的龙湖天街也正在紧锣密鼓地建设中。

你方唱罢我登场，闵行的商业综合体已然成为这个新兴城区的澎湃新动力。

但总有人还会记得“南方”。

因为一首歌，恋上一座城

当年的力波啤酒宣传广告（截图）

上海是我长大成人的所在，
带着我所有的情怀。
第一次干杯，头一回恋爱。
在永远的纯真年代，
追过港台同胞，迷上过老外。
自己当明星感觉也不坏，
成功的滋味，自己最明白，
旧的不去，新的不来。
……

2001年，一首以上海为背景的广告歌曲《喜欢上海的理由》，因其旋律清新畅快，歌词朗朗上口富有朝气，在很长一段时间内被人们口口相传并风靡这座城市。

岁月静变，然而这首歌，以及它所承载的私人情感与城市记忆，历经10多年，却不受时光改变。

如若没有最后一句“我在上海，力波也在”，人们是无论如何不会把它同广告扯上关系的。

一杯啤酒，让人更加走近上海；一首歌曲，也让人恋上这座城市。

这杯啤酒，叫作力波。作为当时上海极少数的本土生产的啤酒品牌，力波啤酒自1987年8月7日开启了第1瓶酒，此后陪伴上海人整整30年，夏天吃小龙虾、毛豆节、鸭头颈，它无疑成为标配，可以说是融进生活里的味道。

一杯啤酒，竟然成为人们喜欢上海的理由，这实在是连当时刚刚出道的那位年轻的广告文案员都始料未及的。

我虽不嗜酒，酒量也不行，但啤酒还是能喝上几杯的。作为一个上海人自然喝过力波。但我并不知道力波啤酒的生产企业竟然就在闵行，就在梅陇。它位于虹梅南路379号，这儿离沪闵路很近。我在写有关梅家弄的文章时，翻阅相关资料，想透彻地了解它的前世今生，无意中发现，力波的厂址就处在梅家弄地界上。

本来不会单独写这样一个企业的。但力波不同。这首《喜欢上海的理由》中，所唱的力波，历经风雨，不仅代表了一个啤酒的品牌，更是代表了上海的记忆，它早已根深蒂固地留在了上海人的脑海里。

每座城市每个年代都有一首特别的歌，珍藏着我们抹不掉的记忆。

两年多前，赵雷创作了一首《成都》，就让人相当感怀。那时大街小巷都在播放着这首歌。成都慢悠悠又极具人情味和生活气息的感觉，让作者特别喜欢这座城市，因此成为他热爱的第二故乡，出于想表达对这座城市的记录和留恋，他创作了这首送给成都的情歌。我也是受这首歌的感染，才专门去成都旅游的。那时，宽窄巷子里很多店家都在播放着这首歌曲。

其实，这样的歌曲很多，比如刀郎写乌鲁木齐的《2002年的第一场雪》、汪峰的《北京北京》、郝云的《去大理》、李志的《关于郑州的记忆》

等等。

一座城，一个故事，一段记忆……这样的歌，融合着内心情感和城市情感，其实是写给每个人的。

而力波就是上海人的一个故事，上海城市的一段记忆。

力波啤酒诞生于1987年，是上海最早的合资啤酒品牌。它的前身是建立于1982年的上海益民啤酒厂，后改名为上海民乐啤酒公司。1988年与新加坡华沙尼集团合资，2001年改名为上海亚太酿酒有限公司，2005年成为荷兰和新加坡合资的外商独资企业。

力波啤酒当年凭借其独特的酿造工艺，一上市便成为上海啤酒市场的领导品牌，拥有“啤酒只喝力波”的良好口碑，并且获得过布鲁塞尔啤酒节的金奖。

力波啤酒厂原本的一线生产车间（资料图片）

30年，力波共生产了15亿瓶啤酒，这是什么样概念？打个比方吧，如果把这些啤酒瓶头瓶尾相连，可沿赤道绕地球近8圈。

2016年底，拥有12.5万平方米厂区面积的力波啤酒厂，在环保理念日趋强化的时代背景下，酿酒带来的工业排放物成为企业发展的巨大瓶颈，于是宣布正式停产。忙碌的生产线沉寂下来了，高耸的烟囱不再吐出浓烟，曾经伴随着一代上海人成长起来的力波啤酒就此退出历史舞台。

这让很多人都有些失落。那句“我在上海，力波也在”的歌词似乎将成为绝唱。不过，在2018年的年底，一个好消息传来，在梅陇镇力波啤酒厂大本营，一个新的城市更新项目——力波中心正在开建。整个项目总建筑面积约30万平方米，分为东、西两个地块。东地块打造为集花园式独栋总部，高层标准办公楼宇、商业街区、租赁式住宅、公园绿地等设施；西地块原为20世纪80年代力波啤酒老厂房，将改造为包含力波啤酒博物馆、体验中心在内的AI人工智能加创新中心的文化创意产业园。在项目东地块还将规划3万平方米公共绿地，毗邻梅陇公园及嘉川路小游园，实现超高超大面积生态休闲配套。

更值得一提的是，这里将保留原老厂房60米高的大烟囱及40米高的麦芽仓等6栋具有80年代浓郁海派工业风的建筑。尤其是大烟囱将以当代艺术化的形式处理，未来将形成具有工业代表的IP，独树一帜的精神地标。

这样看来，转型后的力波将会带给大家更多喜欢的理由，而“力波”两个字也将以另一种方式延续下去。它将成为20公里长的沪闵路上的新亮点，也将成为闵行区新地标，为这座城市带来一抹怀旧的新鲜。

力波中心整体规划设计图（资料图片）

这倒是再好不过了。我们可以继续唱：

上海让我越看越爱，
好日子，好时代，
我在上海，力波也在。

遍寻不见“莘庄站”

冬日的午后，阳光慵懒而无力，寒风中走在莘东路上，看看停停，只是为了寻找那个叫“莘庄站”的地方。这个“莘庄站”，不是沪闵路上的公交莘庄站，也不是地铁莘庄站，而是沪杭铁路莘庄站。

如果论历史，自1909年沪杭甬铁路沪杭段通车营业，开始设莘庄站至今，也有110年了。沪杭段铁路东起今上海南站（也巧，这里正好是沪闵路和老沪闵路起始汇合处），西到浙江省的杭州东站。全长165公里，共有车站16个。原称沪杭甬铁路，后因杭州到宁波间曹娥江桥未建成，便改称沪杭线。这是在1905年时，浙江绅商为抵制英美掠夺浙江路权，而决定自造的。他们在上海集会，经商部奏准朝廷，创设“浙江全省铁路有限公司”，推选原两淮盐运使汤寿潜为总理，由此揭开了兴建浙江铁路序幕。

沪杭线建于1906—1909年。通车的那年正好是清宣统元年。这一年，正是清朝末代小皇帝溥仪称帝的第一个年头。这一年，国内也发生了很多事件，比如清廷发布上谕，宣布预备立宪；中国自建的京张铁路通车，全长190公里，主持修建的为铁路工程专家詹天佑；清华大学前身游美肄业馆创建于清华园（1911年更名为清华学堂）；还有著名的南社在苏州虎丘成立，直接配合孙中山领导的资产阶级民主革命，宣传推翻封建专制的清王朝，为建立民主共和国而斗争。该年，湖北省洪水泛滥，灾区广达

沪杭铁路莘庄站（资料图片）

30余县，灾民近300万人。而对沪杭沿线的民众来说，沪杭线通车则是他们生活中的大事，打开了闭塞的世界。

沪杭线莘庄站位于沪闵路西侧。当然它的建成要比这段新沪闵路早50年。那时候莘庄集镇还没有像样的官路。沪杭线通车，虽然莘庄站只是铁路线上的一个三等小站，但它的设立，无疑为落乡的莘庄打开了对外交流的一扇窗，推动了这个小集镇的对外贸易，对促进本地工商业的发展有着举足轻重的作用。

三等铁路小站是以前存在慢车的情况时会使用的车站，车站设施非常简陋。与大站最典型的区别就是只有三道四组复线铁轨，站台小，无遮阳设施，站牌仅为一块简单的水泥牌子。中间一行大字标明车站的站名，下面一行小字，左边表示左边方向最近的站名，而右边表示右边方向最近的站名。

在我的印象中现在这样的小站在上海几乎见不到了。以前乘绿皮火车，似乎在北方一带常常看到。如今大都乘飞机旅行，这样的情景基本是在影视剧里才能一睹夕年的风情。

我知道莘庄有这么个小小的火车站，但从没有去过或在那里乘过车。我在乡下的老家离松江近，那时候去嘉兴或杭州一带，基本上是到松江搭乘火车，而不会舍近求远跑到莘庄站。当年的松江站比莘庄站等级要高，设施也好，经停的火车也多，但莘庄站经停的车少，所以这也是不去那里坐车的原因之一。

之所以我想想写写莘庄站，是因为它就在沪闵路旁的莘东路南首，虽然只是个三等小站，但其历史这么悠久，心想总可以一书的。

莘东路与沪闵路并行，由沪闵路拐到莘建路几十米便到。往南走，穿过莘浜路、莘南路，便见一个叫“海星”的农贸市场，再往前就到铁路了，而这一片就是曾经的莘庄站区域。它与地铁莘庄站分布在沪闵路东西两侧，遥相呼应。

莘东路到这里就算是尽头，只有一条窄窄的隧道可穿过铁路往南，这条隧道只能是行人和非机动车过。

让人讶然的是隧道两侧地面的情景。虽说莘建路以南的莘庄老城区这几十年来的确没有什么大的变化，一片片的老建筑让人感觉陈旧而凌乱，但没想到这里的情况更糟。

隧道的西侧被一大片简易板围着，从外面看不出究竟，有扇临时性的大门虚搭着。推门而入，里面竟然空旷的很，一片大场地，几间小平房，还有四五辆挂着外地牌照的卡车和小车，另外就是东一堆西一堆的旧金属门窗和凌乱的杂物。里面没见到人，一只黄棕色的猫盯了我们一眼后快速地逃离，而在西南角有一间搭在围墙上的临时板房，那里有一条狗冲着我们不停地叫唤。这是一条脏兮兮的宠物犬，还好不是大型的猛犬，如果是狼狗一类的我们便不敢再进了。按照相关线索，这里应该就是莘庄站的旧址，但这样的情景着实让我们诧异，虽然小站已经弃用，但总会留下点痕迹吧？可事实上没有。南边的围墙很高还缠绕着铁丝网，我们看不到外面的情景。正在犹豫间，却见一辆绿皮火车呼啸而来，等我举起手中的相机拍摄，火车早已过去了。

观察地面的旧迹，我发现这里原本是有建筑物的，只不过现在被拆掉了。

出了院子，我们不甘心，又朝隧道的东侧探访。东侧沿铁路边是一个独立的狭长院子，建有一排平房，尤其是里面有个门柱上竟然有颗掉了漆的五角星，粗看下让我们有点激动。同事说，这里大概不会就是铁道工人的宿舍吧。我看了看建筑风格和那墙面，摇摇头有些失望地说，年份不对，弄不好还是违章建筑。这些平房里都堆放着杂物，再往里走，竟还有“韵达”的快递中转站，一辆大卡车停着，几个工人正在装卸快递物件。突然发现这里围墙有可搭手的地方，站上去可以看到外面，于是小心翼翼地爬上去，果真看到了铁轨。朝东一望，只见一辆动车正飞速而来，忙举起相机一阵快门狂按。白色的动车在眼前一闪而过，尾部是大大的三个字——“和谐号”。

莘庄站虽是三等小站，但当年应该还是挺热闹的。我看过一份材料，小站上有不少民国建筑，作为设备和货物仓储之用，还有铁路工人的俱乐部。20世纪50年代，建有铁路工人宿舍。但如今却什么也没有留下。甚至那块标明站名的水泥站牌我都没有看到。

我向同事提议，到莘南路走走。这条小路旧称火车站路，长不过百米，宽不过四米，路两旁开满了各类小商铺。这样的小路在上海一些老镇非常普遍。

路的东头是莘中路，南边是一个叫莘南新村的居民小区。门卫室有两个中年人正在聊天，听口音是本地人，于是我上前打听，想了解有关莘庄站的一些情况，岂料他们也不知，只是说“大概是这里”。我们复又折回望北走。我记得莘庄中学就在附近，以前曾来过，于是想去看看那所也

“和谐号”动车从站牌旁驶过（林言　摄）

有60多年的老学校。穿过莘南路，没走多远，却见原来的莘庄中学换成了莘庄镇小学的校名。莘庄镇小学办学历史更长，创建于1905年，那时沪杭铁路还没有开始筑。一问学校保安，原来莘庄中学早在三年前就已搬到腾冲路新校址去了。回去时经过莘东路莘浜路口，那个当年著名的海星商场还在，只不过显得有些蓬头垢面，下方的“中国黄金”四个字比店招名还大。

遍寻不见“莘庄站”，到单位后，和同事聊起，总觉得遗憾。第二天是周末，同事发来了几张照片，竟然是标识着“莘庄”字样的水泥标牌，一辆和谐号动车正好经过。问具体位置，她说就在轨道莘庄站的天桥上拍的。

想想，不觉一笑。

黄道婆石像

原竖立在莘庄镇沪闵路弯角处的黄道婆像（资料图片）

沪闵路莘庄段路口，这里同七莘路莘松路交汇，算是闵行区的中心区域，区机关大院就在附近，而原本由东向西的沪闵路在这里折南90度，向着老闵行的方向延伸。

很多闵行人都记得就在这里的弯角处，许多年前曾矗有一尊高大的石像，石像的主人公是有原型，有出处的，她就是800多年前赫赫有名的人物——黄道婆（1245—1330）。

黄道婆石像是尊全身雕塑，体态秀长，发髻高挽，左手部纱幔垂地。黄道婆活到85岁，若放到现在，也属高寿人士，但此石像显然是她年轻时期的形象，或者最多也为少妇之貌。

这里是徐闵线的莘庄站站点，奉贤、松江、金山的车也从这里过。作为当年县政府而今的区机关所在地，人流车流甚为密集。黄道婆的石像矗起时，此地并没有种植大面积的绿植，故而石像十分醒目，且不谈它的艺术性或美感，至少是挺有标志性的。有段时间，我常去莘庄和市区开会办事，如只是到莘庄站，从徐闵线下来，一抬眼就看到了黄道婆的石像；不下车的话，石像从眼中掠过，也会不自觉地盯着看一下，现在这样的风景没有了，除了一大片的绿，那就是一幢很大的公共厕所，虽说方便了路人，但着实有些煞风景。

为什么在这里会矗一尊黄道婆石像呢？其实不难理解，因为黄道婆是"嘀嘀呱呱"的上海县本地人。她是宋末元初著名的棉纺专家、技术改革家。由于传授先进的纺织技术以及推广先进的纺织工具，而受到百姓的敬仰。在清代时，被尊为布业的始祖。

黄道婆出生在原松江府上海县境内的乌泥泾镇，即今天的徐汇区华泾镇。最初的沪闵南柘汽车路也经过这里，现在成为老沪闵路的一段。关于华泾镇，我在其他文章中已有涉及。和梅陇镇相邻的华泾镇属龙华地区，作为原上海县的一部分，在1992年区县"撤二建一"时被整体划到徐汇区。这也是个十分有故事的地方。其实，我们许多有故事的地方因区划调整，被整建制地划出了，比如现属浦东新区的三林镇。

出身贫苦人家的黄道婆十二三岁就被卖作童养媳，因不堪忍受婆家的非人虐待，偷逃出来，搭上了停泊在黄浦江上的海船，结果一路流落到了海南崖州，以道观为家，劳动、生活在黎族姐妹中，并师从黎族人学会运用制棉工具和织崖州被的方法。

元代元贞年间，黄道婆重返故里，在乌泥镇教人制棉，造福乡民。从此，本地的棉花种植业和棉纺织业得以迅速发展，棉纺品色泽繁多，呈现出空前的盛况。一时"乌泥泾被不胫而走，广传于大江南北。"黄道婆去世以后，松江府曾成为全国最大的棉纺织中心，松江布有“衣被天下”的美称。在她的故乡乌泥泾，乃至上海，至今还传颂着“黄婆婆，黄婆婆，教我纱，教我布，两只筒子两匹布”的民谣。她去世后的数百年间，每年4月她的诞辰日，奉祖纪念她的香火连绵不断，各乡学纺织的少女常去拜祷。如今在上海各处仍保存有黄道婆纪念堂（又称黄母祠，在今上海植物园内）、黄道婆祠（上海豫园得月楼等处）等遗迹供人瞻仰。著名的上海中学曾将一幢校舍命名为“先棉堂”，以提示莘莘学子不要忘记这位有功桑梓，遗爱人间的平凡而伟大的女性。

那么，当年以农业棉纺业为主的上海县，在县城最醒目的地方为家乡人黄道婆树立一尊石像的确是在情理之中。

位于华泾镇徐梅路700号的黄道婆墓地，1984年被列为国家文物保护单位（资料图片）

立于1960年的黄道婆墓碑，魏文伯题字（资料图片）

当时许多人说这尊石像的黄道婆形象太年轻了，神韵也不似人们想象中的黄道婆。也有人提出疑问，为什么要在这么热闹的路口，矗立黄道婆的石像呢？闵行（上海县）名人也有不少，她能代表闵行吗？其实，现在看来，这些人是不了解这段历史，不了解黄道婆为本地乃至上海作出的巨大贡献，故出此言。当然，后来华泾镇被划出闵行地界，黄道婆成了徐汇区人民，那另当别论。后来，沪闵路莘建东路和广贤路合围，规划建设为绿地，名为“母亲林”，而黄道婆的石像终于被拆除了，据说石像被直接埋入地下。果真是这样的话，几百年后若有后人挖掘出来，不管其艺术价值如何，倒也可视为文物了。

行文至此，我忽然想到一个问题：在闵行，长期以来缺乏有影响力，令人印象深刻的城市雕塑。毫无疑问，城市雕塑在形式上，对城市起着装饰和美化的作用，作为文化构成部分，又代表着这座城市的艺术水准和精神风貌。有人说：“城市雕塑正如我们史书上的插图，记载了不同时代的历史文明。”这话是有道理的。“比如一泡尿拯救了一座城”的撒尿小童雕塑，就是比利时首都布鲁塞尔的市标；而位于美国纽约海港的自由女神像，则是法国在1876年为纪念美国独立战争胜利100年而造；还有丹麦的小美人鱼铜像等，至于“大卫”“掷铁饼者”“维纳斯”雕塑……都有故事，有历史的，都诠释着所在城市的文化内涵。在国内，广州市标“五羊开泰”、深圳市标“开荒牛”、上海市著名的“东方之光——日晷”等都为人们所耳熟能详。尤其是上海具备“红色文化”“江南文化”“海派文化”三大优势，得天独厚，城市雕塑无论是数量品质，还是创意设计，投入之大，值得骄傲。“文化上海”从城市雕塑上可见一斑。

如何提升公共绿地文化内涵，打造特色城市文化，已成为建设品质卓越生态宜居新城区的闵行一个亟待研究探讨的课题。

沪闵路莘庄段的路口依然繁忙，绿地对过的龙之梦成了这里标志性的建筑，虽然它平庸，没有特色。不知路过的人还会记得当年那尊争议颇多的黄道婆的石像吗？年轻的人当然不知道，而看到过的人则会随着时间的推移慢慢忘却。

春申桥、春申塘和春申君

江南多水网，多河道。有水就有桥，桥与路相交，乃使交通畅达。不过无论是沪闵路，还是老沪闵路，所经之处桥并不算多，出名的似乎也没有。这有点奇怪。

但是有一座桥倒是可以写写的。那就是位于莘庄与颛桥区间的春申桥，具体位置在于春申塘与沪闵路的交汇处。春申桥很早以前就有了，早到什么年代，并没有相关记载。它原本是座石桥，旧时往往是时建时塌，既劳民伤财，又诸多不便，在1958年8月拓建沪闵路时，才拆建为公路桥，称之为六号桥，并设公交车站名“春申桥站”。1982年又改建成三孔桥。就是现在的样子。

在沪闵路西侧春申桥两头，这里原来是大片的农田和农宅，因为莘庄工业区的开发，南头建成了产业园区，北面不远则是新兴的商品房小区，叫“春申府邸”。跟春申两字还是挂上了钩。10多年前，这里曾开过一家规模挺大的海鲜饭店，貌似生意挺红火。

说到春申桥，那自然先得说说春申塘。

《上海县水利志》所载：春申塘，又名莘村塘。传说为战国时期春申君开浚，故称春申塘。

春申塘为黄浦江重要支流之一。西起北竹港，向东穿越北横泾进入徐汇区，在华泾和关港之间入黄浦江，闵行区境内长8公里，是贯穿淀南

春申塘（资料图片）

水利大控制片的骨干河道。

自春申塘开浚以来，列朝列代均十分重视河道整治。《上海县志》及《闵行区志》记载：公元1292年，上海县建立，属松江府，设治所于华亭海市舶司属。《上海县水利志》记载，自明天启元年至今，春申塘曾进行过11次记录在册的大规模整治。明代3次，清代4次，民国2次，解放后2次……纵观历史，春申塘是一部流动的史书，记录和传承了劳动人民对地方水利设施进行建设，维护的丰富经验和卓越智慧。

现在的春申塘，经过近几年的大力整治，有效提高了周边地区的防汛排水能力，改善了水质、水环境，成为集防汛、排涝、航运、休闲、生态于一体的多功能景观河道。

好吧，说到这里重点来了——“春申塘为春申君开浚，故名春申塘”。

那春申君又为何许人也?

春申君像（资料图片）

据史书记载，春申君乃战国时期四公子之一，楚国丞相黄歇（公元前314—238）的封号。黄歇游学博闻，善辩。楚考烈王元年，以黄歇为相，封为春申君，赐淮北地12县。他明智忠信，宽厚爱人，因礼贤下士、招致宾客、辅佐治国而闻于世。顷襄王病重，春申君设计使留在秦国作为人质的楚太子完逃回楚国即位，即考烈王。而后，考烈王任他为相。

后来，春申君娶赵人李园之妹。李园妹有身孕后，献于考烈王，生子被立为太子（即楚幽王），李园因此逐渐掌握大权。考烈王病死后，李园令人埋伏于棘门之内，杀死春申君及其全家。

2015年年底，一部古装电视连续剧《芈月传》风靡大江南北，一时风光无二。2000多年前的战国时期究竟是什么样的，我们不得而知，历史本来纷乱杂陈，即便史书留存，又有几多真伪。平头百姓所津津乐道的是上海小女子孙俪又一次在荧幕上演“宫心计”，演绎古代版的豪门恩怨。或许，还有一个好处是，观众们的汉字水平又提高了不少，至少，人们会认识这个难懂的“芈”字了，而不会错念成“半”，或“ming”。

凡人总是注重情爱，尤其是女性。至于那一场场权力纷争或开疆辟土的伟业，就留给男人吧。于是乎，左右芈月人生命运的几个男人自然让许多女性有了谈论的话题。秦惠文王、义渠君、黄歇……这三个男人是三个典型，性格迥异，地位不同，放在现实生活中，或许的确可参照类比。但青菜萝卜，各有各的所爱，芈月究竟最爱谁，现代女性又会最爱哪种性格的男人，其实并没有评判的标准。这个我们暂且按下不表，反倒是黄歇这个人物可以让我们好好研究一番。

因为黄歇的封号便是“春申君”，而春申君跟上海，尤其是与我们闵行有着千丝万缕的关系。

民间和相关史书上有这么一说：黄歇因保太子登基有功而官封令尹，地封故吴之地，上海都在其封域之内。他任相以来，做了许多为百姓称道的好事，春申理水、出兵救赵等故事传遍吴越之地。据此，有部分学者认为，上海的母亲河黄浦江的得名以及上海简称“申”，都源于春申君黄歇。

但这一论断也遭到了更多史学家的批判，他们引经据典，多方考证，得出这样的结论：春申君黄歇，与今上海市滨海地带毫无直接关联。而“春申君开凿黄浦江”更是一番戏说。

公元前8世纪至6世纪，上海地区的绝大部分是海。当时的海岸线即今称“古冈身”，是在今奉贤南桥、闵行莘庄、嘉定城区南北一线。此线以东是“海上之洋”，以西是今松江、青浦部分陆地。此地块直到唐天宝十载（751）才设置华亭县，隶于苏州府。黄浦作为水道名称，据考查未见于汉、唐时期任何文献，也不载北宋时各种专论水利的著作，直到南宋和元代才有人提及和记述。明永乐年间，吴淞江与黄浦实现合流之后，就有一批详加考证和阐释的著作。所见名称有黄浦塘、黄浦、大黄浦、黄浦港等。明末清初，始称黄浦江。

黄歇受封地“江东”，驻地“吴墟”是苏州。唐代以后被奉为姑苏城隍神。明初，实现“江浦合流”之后，纪念春申君的墓冢和祠庙神阁开始出现。在朝廷的倡导下，城隍文化向纵深发展，黄歇名正言顺地被封为苏州府城隍，春申君神祠一再重建扩容，声名远扬。有关春申君事迹的故事也增多且详细。一些文人墨客见景生情，抒怀题咏，比兴寄托，描述故事越发离奇，终于把春申君黄歇推上了神坛。

不过，也有学者则认为：黄歇封地的核心区域，或曰主要地区，确实是在太湖流域。以春申君黄歇名号命名的地方、工程、庙宇以及他在故吴墟上修建起的封邑，基本上都在太湖周围，这是事实。问题是，上海是否属于太湖流域？从水系地望来看，上海属于太湖流域是很清楚的。太湖水出海的主要河流东江、娄江、吴淞江都要经过上海一带，故而上海在春申君的封地里是很自然的事。黄歇治理过太湖水患是确切无疑的，当时吴淞江是太湖水入海的主要通道，而河床淤积导致中下游洪水泛滥频繁，他治理吴淞水患能不直捣“黄龙”吗？即使上海地区不在他的封地之内，身为楚国令尹（相国）的他，可以管全国之事，也是有权这么做的。虽然史书上没有记载，但这并不能成其为“不存在”的理由。如果把春申君治理过的吴淞江下游的华亭作为大上海的起源地，那么说春申君是上海的开山鼻祖也不为过。

“从史籍记载来看，春申君黄歇和上海是很有关系的。”上海社会科学院历史研究所助理研究员张生在接受澎湃新闻记者采访时说，他所指的史籍主要是《史记·春申君列传》等中对黄歇的相关记载。

“民间有一首儿歌至今流传：唧唧唧，唧唧唧，爷娘去开黄浦江，尔后再开春申塘，领头的大爷叫春申君，住在伲村黄泥浜。”张生说。儿歌和上海市嘉定区的“黄渡”地名等这些民间留下的痕迹，也都显示了春申君黄歇和上海的密切关系。

总之，黄歇究竟与上海搭不搭界，史学家之间的确有争论，但春申君在上海尤其是我们闵行地区的影响巨大是确凿无疑的。

上海地区最先出现的有春申侯祠，又名长人司庙。据徐蔚南《春申君庙》考证，这是建于上海县城内专奉春申君的庙宇，也与邑城隍庙联系在一起的。另一处是地处黄浦江中游闵行渡地段，横沥河东岸“十八保”依黄浦江畔的“春申道院”，俗称“春申庙”。为清雍正十二年（1734）上海知县褚菊书主持修建，并撰有记。乾隆十年（1745）重修，嘉庆九年（1804）在名士李林松的推动下，又加修缮扩容，增设神阁名“春申阁”于庙后，俗称东阁。同治《上海县志》记载：“在横沥东岸。奉春申君黄歇像。”

春申阁面对东首黄浦江转折处的闸港，每逢八月十八日“潮头生日”，潮势汹涌，是为观潮胜地，同时也是每年端午节举办龙舟赛的场所。当年，本地文士才女经常在春申阁相聚唱和，留下了不少诗作。

春申阁前，曾建有魁星阁，呈六角型。清光绪年初，由乡绅李祖锡、夏其钊等捐募创建。登阁可览黄浦江全景，为游览胜地。创建时所立《魁星阁记》碑，今存“老闵行历史文化陈列馆”内。

春申道院后毁于抗战初年，被日机轰炸而废。

春申塘畔，春申桥北堍西侧曾有一座春申君庙，简称春申庙。

凡是民间所建的庵庙，一般较为简陋，不及三四十年，又要重修。尤其清末和民国以后，时局多变，人事沧桑，春申庙（庵）日渐衰败。到1949年新中国成立时，庙内仅留下一人看守香火。及至1958年拓建沪闵公路，所有的庙产房屋被拆除，香火终于彻底断绝。

位于沪闵路莘庄南首的春申府邸小区，原址为春申庙（资料图片）

可是，春申庙在社会上一直起着影响。主要是这里曾建有习称"春申庙小学"的国民学校。今在春申庙（庵）原址地块，即为"春申府邸"居住小区。

更值得一提的是，闵行还有春申君后裔。

由闵行名士黄蕴深纂修的《上海竹冈黄氏宗谱》三卷中记载，竹冈黄氏于南宋时自汴梁迁入上海地区，始迁祖为黄文亮，五世孙黄凤冈定居"竹冈西"，即上海县十六保四十二图，遂形成村落，称黄家河圈（今属马桥镇）。十九世孙黄宗坚（字冰如），其子黄艺锡（字润书），二十世孙黄申锡（字谱衡）等均为地方贤达。

后人研究黄歇，目前可以参考的材料并不多，主要包括《史记·春申君列传》等20篇左右的史稿；其中有互为印证的，也有相互抵触的，且相当一部分篇幅很小。

春申君一生坎坷，是个悲剧人物。在黎民百姓眼里，凡是被谋害死又经平反昭雪的人，几乎是受人尊敬为“忠良”。人们很自然地会联想到同为楚国人屈原沉江自尽，因之春申君被视为屈原式的“时代英雄”。一切信俗从楚国风习，与纪念屈原的方式趋同。城乡信仰的表现形式为“蜡祭”和“社祭”。所谓“蜡祭”，是每年秋收时节，普遍备香烛牲醴祭祀众神。上海城隍庙的“三巡会”，春申君作为地方神是个重要角色。所谓“社祭”，是各个家庭或社团把自己认为信得过的神灵，立其牌位或画像，请到家庭中参与家祭，或在某处神阁祭祀，以示虔诚。另外，还有春申君诞辰庙会等。

最令人怀念的是春申君在“吴墟”封地兴修过水利，做过一些造福于民的实事，因之被视为“大禹”式的历史人物。

种种所谓黄歇“开凿黄浦”的传说故事，都是与“大禹治水”的功绩联想在一起。这正是“春申君热”和信俗异化的群众基础。

同时，有史学家认为，春申君经营江东其实也为申城上海留下了宝贵的文化遗产。

首先，通过黄歇在江东封地的开疆拓土，在上海开启了真正意义上的农耕文明和水上航运文明。春申君带领民众改良土壤，荒滩变良田，开发治理江东，为吴越带去了先进的冶铁技术，制造农业生产器械，先进的纺织技术，与江南的蚕线结合，为日后这里成为全国农业发达鱼米之乡、丝绸之乡、纺织之乡，以及中国资本主义最早在江南苏杭地区的萌芽，奠定了良好生产基础。

其次，春申文化反映了上海的根文化特征。在上海文化的演进过程中，形成了独特的"海派文化"风格，而这种海派文化之根，在文明开启之时的战国时期就有了自己的萌芽。黄歇在江东领地上开创的先秦地方文化，具有吴文化、越文化、楚文化、中原文化等多元文化相融合的显著特征，而近代上海兴起的海派文化的典型特征就是，兼容并蓄、多元互补、不拘一格、灵活创新，熔多元文化于一炉，在包容一切中创造一切。上海一向以"海派文化"著称，所以有学者认为，黄歇开创的领地文化应为"海派文化"的"文化源头"。

行文至此，诸位对春申君黄歇应该有了大概的了解。再回到那部叫着《芈月传》的电视剧，从历史角度看，电视剧中黄歇与芈月的初恋纯属瞎编。因为芈月成为太后时，儿子昭襄王已经19岁，公元前265年，宣太后去世，以主政41年计算，寿年最少75岁。而黄歇是在前262年拜为楚相。两人的确是同时代的人，且同为楚人，可之间年龄相差20多岁，也就是说黄歇出生的时候，芈月都已经在秦宫许多年了。所以，有历史学者说："黄歇后来出使秦国和宣太后聊聊家乡风物尚有可能，但绝不可能青梅竹马，青梅黄酒还差不多。"这或许会让喜欢《芈月传》的人有所失望了，原来他不是芈月的那个春申君。对啊，电视剧都是编的嘛。

下次走过沪闵路上的春申桥，看着东流不息奔向黄浦江的春申塘，你会记得春申君吗？

依然光华

光华路是位于颛桥老街北面，东头与沪闵路相交的一条不起眼的小路。

与沪闵路，老沪闵路相交的路很多。有的路很出名，比如称誉为“中华香樟第一街”的江川路，俗称“一号路”，上海重工业的“四大金刚”就坐落在路两侧；连通松江、金山的北松公路更是一条有年份有历史的

沪闵路上的光华创意街区入口处（徐俊杰　摄）

老路，民国时期叫着“上松路”，同沪闵路一样都是320国道的一部分。320国道起点上海，终点云南瑞丽，全程3695千米。在国内高速公路建成前，这里是上海通往南方的陆路交通要道；还有莘松路、莲花路、虹梅路、桂林路等等，都有一番故事，都有一番风尘。

与江川路、北松公路相比，光华路似乎实在不值一提，事实上，放到十几二十年前，它连区级道路都算不上，充其量只是镇域内的一条乡村道路。

但在颛桥人的心目中，这条路却不简单。

当然，不是它的名字起得好——“日月光华，旦复旦兮”，而是它一度被称为“颛桥工业经济的发祥地”。

光华路东起沪闵路，西至位于松江区的申港路，全长约6.9千米。其中，沪闵路至中春路段1.5千米，属于颛桥镇地域。20世纪50年代，作为国家储备粮库的颛桥粮库始建于此，共建有52幢苏式建筑。1958年，乡办企业上海群力化工厂在这里诞生；1985年，上海县第一家乡村化工联营企业上海造漆厂颛桥联营厂在这里开业；此外，曾荣获部优称号的金贝牌拖鞋，三角牌吊扇也在这里生产，销售全国，并走出国门……历经数十载的发展，在光华路的沪闵路至中春路段两侧，1120多亩的土地上，曾汇集了国有市属、区属、镇属及外资、私营等数百家各类规模不等的企业和个体商家、店铺。而在光华路的最西头，紧邻松江的是同属闵行区的马桥镇旗忠村，这个曾被称为“西伯利亚”的村庄是改革开放后发展壮大起来的典型，因走集体致富道路被誉为“华东第一村”。中春路还没建成前，光华路是人们出入旗忠村的主要交通道路。那时成千上万来自全国各地的参观者取经者从光华路经过，慕名前去旗忠村考察。

我与光华路有缘。早在1990年初，我还是大学新闻专业的学生，因为要写一篇关于上海县乡镇企业发展的调研报告，就曾到光华路实地走访过，记得金贝拖鞋厂的厂长还曾送给过我几双出口外销的拖鞋；而光华路另一头沪闵路东侧，有一家叫东华均浆泵厂的企业，当时也很出名。不过如今这里建成了一个独立的商品房小区。那时的光华路欣欣向荣、生机盎然。如果说沪闵路是由一颗颗大大小小的珍珠串成的项链，光华路便是其中的一颗珍珠，不大，但熠熠生辉。

五年前，受颛桥镇的委托，我带着一个摄制团队又来到了光华路——镇里因为整治改造需要，想留下些原始资料。没有想到，展现在我眼前的光华路早已褪去了昔日的光辉，逐渐黯淡，很多企业已跟不上时代发展一蹶不振，而生态、安全、环境、市容等方面的问题日益凸显。同时，一些沿街商户私自破墙开店、违法搭建，更让这里成为“脏、乱、差”的代名词。

因为这条路靠近颛桥老街又通往莘庄工业区，所以有许多外来人员在附近租房生活，各类小食摊杂货店生意十分红火。烟火气是足了，但环境乱了，整条路看上去千疮百孔。

光华路的现状，自然已无法适应社会和经济发展的需要，但东接沪闵路，南临颛桥老街，西、北紧挨着市级的莘庄工业区，面对这么得天独厚的地理位置，地方主政者自然不会轻易弃之一旁，于是谋求转型成为当务之急。前些年，光华路产业集聚区的概念被提出，打造“光华文创街区”成为区、镇两级政府的目标和任务。2017年光华路正式被列入闵行区16个成片区域转型升级地块。

根据规划，光华路将结合现有产业基础与所在企业升级意愿，进行

光华路68号创意园区（徐俊杰　摄）

改造，变身文创步行街区，由西往东，依次打造工业设计谷、创意总部谷、数字创意谷、时尚创意谷四个功能区，集活力街区、创智园区、文化景区为一体，以数字创意、创意设计为主导产业，以时尚休闲、文化旅游为配套产业，形成四谷两街（光华文创休闲街、六磊塘滨水休闲街）、两公园（创意文化公园、滨水休闲公园）的空间格局。

而我与光华路的缘分在三年前更加得到了巩固：2016年6月，我们的单位搬到了位于光华路68号的创意园区，这里离沪闵路很近，转角50米即到。如今我几乎每天在这个院子里办公。这里的建筑外观结构以黑白色为基调，清雅简约，颇有些徽式风格。事实上我也把办公楼的后院打造成了一个精巧的江南小院，白墙黛瓦溪水潺潺，满目绿植，假山和青竹相得益彰。

我是很看好光华文创街区的发展前景的。在闵行，各类文创园区并不少，有的也颇有特色，但以文创街区命名的却独此一家。我希望这里既有文化的厚重，又有时尚的品质，真正实现“从冰冷园区到有故事温度”的一个华丽的变身。

依然光华，让灵感创造未来，让创意点亮生活。我期待。

沪闵路3210号

如果说绵长20千米的沪闵路旁有什么特别的所在，那位于颛桥镇区段的3210号，一定名列其中。

匆匆路过的人是不会注意到这里的，因为它的门头被沪闵路上茂密的行道树遮挡着，不显山露水。这个门头同一幢建筑连同一体，谁曾想到，竟然已有80多年的历史了。对，民国时期的。

门卫章师傅在这里工作了近三十年，他对一切外来的探访者这么解释："这儿就是附近人所说，没事不敢进去，有事不想进去的红房子医院——上海市精神卫生中心闵行院区。"

在上海滩，被称为"红房子"的似乎有几处挺出名，比如位于黄浦区方斜路的红房子妇产科医院和位于淮海路上的红房子西餐馆。

而这里之所以也被称为红房子，就是因为它有9幢外墙为清水红砖的西式风格的民国建筑，每幢均为二层楼，墙垛之间是一窗窗的铁窗。而屋顶也是西式红瓦，那种瓦比普通的江南民居上的瓦大得多，我们称之为"洋瓦"。民国时代，西式风格的建筑一般都盖这种瓦。

我是老闵行人，但说来有趣，15年前我把家安在莘庄时，工作单位却是在老闵行，等到过几年后，我重新搬回了老闵行住，工作单位却换到了莘庄。于是，这段沪闵路成了我每天上下班的必经之地。

"红房子"就处在这段路的当中。

院内一景，这些建筑始建于80多年前，现完好如初。（资料图片）

每次开车经过这里，我总不由自主地放慢车速。这是惯性，因为就在这里，有电子警察的测速，我们称之为“探头”。10多年前，沪闵路上的“探头”其实很少，超速还算小事，没抓得像如今这么严。或许这片区域特殊，就安装了“探头”，时速不能超过60码，否则就要被三个挂在电线杆上的“探头”逮住。本地的司机都很自觉，凡是飞车而过的，我不用看车牌，就知道这车（司机）肯定不是本区的。

这座精神卫生中心，刚创办时就是一家精神科专科医院，叫普慈疗养院。这是在1934年，由当时上海著名的慈善家陆伯鸿先生通过集资创建的。

1935年6月29日，普慈疗养院正式开业，陆伯鸿担任首任院长。

这里的病人大多来源于开设在广慈医院的精神科门诊以及当时卫生

局的收容机构。医院病房由圣玛利诸公会圣母会修士修女管理。对精神病人的治疗仅有电休克和胰岛素休克两种，且收费昂贵，生活在社会底层的病人无法承担。

由于当时精神科尚无有效治疗手段，所以多数病人属收容性质，仅头等病房的病人能享受一些医疗措施，无法承担医疗费用的病人则常被“关、押、捆、绑”。不过即使如此，也总比让这些病人在外流浪，饿死街头来得强。

普慈疗养院是当时远东最大、设备最完善的精神科专科医院之一，而其创始人陆伯鸿，更是近代著名的天主教徒、实业家，同时也是上海远近闻名的大慈善家。

在从事宗教活动之余，陆伯鸿非常关心社会慈善事业。他四处募捐，并将自己企业的收益投入到慈善事业中去。其慈善事业涉及医疗救助、学校教育、赈济灾荒等，先后创办了新普育堂，普慈疗养院，圣心医院，中国公立医院，南市时疫医院，杨树浦诊疗所，合办北京中央医院等七所慈善机构。其中有几处规模很大。这些机构救护病人，收养穷苦老人，领养孤儿，护理残疾人或绝症患者，也救助社会上那些无助的穷人，可以说对上海及近代中国慈善事业的发展作出了很大贡献。

然而，就是这样一位大慈善家，却在1937年12月30日不幸遇刺身亡，原因至今众说纷纭，成为一个大谜团。可靠的说法是，跟日本人有关。

这天午饭后，陆伯鸿同往常一样带着他的五子陆薇读走出位于复兴公园对面的家门口准备上车。弄堂是一条很短的死胡同。弄堂中段有一片半圆的平地，为汽车调头之用，而一般来访的车辆也都泊在那块地方。司机见他们出来就发车并调头，停下时车头正对弄堂口。儿子陆薇读从左门上车，而陆伯鸿则在右边开门。刚进车坐下还未及关门，一个枪手叫了一声“陆伯鸿”，随即对着他的头部开了一枪。

那两名枪手是化装成卖橘子的小贩，把枪藏在装橘子的箩筐里，一直等在泊车的那块地的花园门口。他们应该已经摸熟了规律，知道每天午饭后陆伯鸿必定在此上车，故刺杀很顺利，开枪后枪手逃逸无踪。陆伯鸿马上被送到附近的广慈医院，但仍不治身亡。

陆伯鸿遇刺事件震惊了整个上海，但好在其名下的各家医院工厂早已步入稳定的运营模式，并未因此受到太大影响。

抗日战争时期，还广泛流传着普慈疗养院勇助抗日勇士的故事。

1937年11月4日，淞沪会战正进行到最关键时期，侵华日军第10军团在司令长官柳川平助的指挥下，以三个半师团的兵力靠舰炮的掩护，在金山卫一带登陆。中国军队因兵力悬殊，无法抵挡。日军烧杀了三天之后，在得胜港、米市渡一带开始渡过黄浦江，长驱直入松江城。这段日子里，普慈疗养院成了抗日战士最后的栖息地，院内曾附设伤兵医院与难民所。日军侵入北桥后，因有德籍修士与日方周旋，医院一切照常。

11月8日，国民政府下令国军全线撤退。11日，日军由松江方向沿上松路（今北松公路）烧杀而来。在这危难时刻，正在撤退的国军67军108师某旅某团奉命从泗泾赶来阻击日军。激战持续到次日上午9时才停下来。国军伤亡一百多人。据日军战地报道（《读卖新闻》11月15日刊登照片）称，被日军俘虏七百人。国军勇士横尸遍野，有一位军官自尽在沙基（今马桥镇联盟村沙岗附近）。国军团副许仲钧等五十七名伤病员逃入普慈疗养院。疗养院总务科长凌其瑞热情接受，躲过日军耳目，因疗养院系天主教会管理，日军未能闯入。

同时，日军大部沿沪闵路大肆东进，部分官兵占领上海县政府大楼后，在北桥地区烧杀抢掠。凌其瑞看到附近战场上勇士们的壮烈惨状后，立即说动院长，紧急组织起战地后勤队。12日上午，她带领一支白衣人队伍，举着红十字的旗帜，穿过日军驻扎地，将国军勇士的遗体一具一具地搬到位于北桥的瓶山道院。她含悲饮泣，请人挖坑，决意要义葬这批无名勇士。

不过，驻扎日军并不答应。凌其瑞也不罢休，请普慈疗养院外籍传教士出面与日军交涉，终于获准在上松路南侧、俞塘北岸北庙泾的河边坟地上竖一块“支那勇士之墓”墓碑（位于今北松公路167号北侧）。

1952年，普慈疗养院被当时的上海市军管会接管，改名为上海市立精神病医院，由军代表领导，著名精神科专家粟宗华受聘负责医务工作，1956年改任院长。1954—1956年间，上海市当时所有的私立精神病院的人员均先后并入市立精神病医院。

20世纪50年代是我国各机构调整时期，在上海私立精神科机构归并完成以后，粟宗华考虑再筹建一所新的精神病院，希望把上海第一、第二医学院的精神科人员也联合在一个医院里工作。在有关领导的支持下，于1958年完成了这一联合，同时在市区也建立了一所新院，以新建医院作为上海市精神病防治院总院，以原上海市立精神病医院旧址为北桥分院，以原上海精神病疗养院旧址为虹桥分院。

联合后，院内具有了适合病人治疗、休养的现代化的精密仪器和设备，室内外的布置不仅做到美化而且家庭化，使能更好地治疗病人。

在经过80年的风雨历程后，如今上海市精神卫生中心已经成为全国

普慈疗养院旧大门（资料图片）

四个区域性精神卫生中心之一，承担着上海市精神卫生的医疗、教学、科研、预防、康复、心理咨询与治疗和对外学术交流，以及全国和区域性政策制定、科学研究、疑难病症诊治和专业人才培养等重大任务，是全国规模最大、业务种类最全、领衔学科最多的精神卫生机构之一。

如今整座医院基本结构同当年没有很多大的变化，陆续增添了不少景观，但还是在修旧如旧的基础上改建的。几十年前，四周一边农田，这里算是附近最高的楼了。而今，周围一切都在变化，就连门口的沪闵路都翻修了好几次，甚至比医院的路面还要高几十厘米，但这座医院依旧如故。

有人觉得，随着城市化的加速推进，把精神病院再设在沪闵路旁已不太合适，且这样一大片保存完好的民国建筑在闵行已几乎没有了，还不如置换出来，另择新址建院，设施更好，更先进，而此地或可作为博物馆对外开放。

仔细想想，这个想法颇有一定的建设性，未尝不可。

民国上海县政府旧址散记

这个地方有点隐秘。

虽然它就在沪闵路上，且马路对过便是人头攒动的轨道交通5号线北桥站，但高高的门头在沿路连片的建筑群中并不显山露水。开车路过，一般不会注意，唯有步行，走近了，才会看到门口立着的那块白底红字的木牌，上面写着“军事重地，严禁拍照”的字样。

这里是沪闵路2550号，外表看平常无疑，里面却有着面积不小的院子。但作为有部队驻守的军事单位，自然不能随意出入。在门口北侧的小

原上海县人民政府旧址，现为解放军部队驻地（林言　摄）

岗亭里，有两位年轻的战士在此站岗执勤。

我们去的那天下午，阴雨绵绵。车在门口停下，一名战士迅速跑过来，问明身份后便要去了行驶证，挥手让我们进去。来之前我已同负责这次采访的王干事通过电话，所以值勤的战士已经接到了通知。

大院里绿植茂密，十分安静，许是因为下雨的缘故，也没见什么人在室外走动。

下了车，置身院中，没来由地感受到了脚下这片土地的厚重。这个地方的前身并不简单，它曾经是民国上海县政府的所在地，在新中国成立之初将近五年的时间里，又成了上海县人民政府的所在地。这就是它的历史意义所在。

这里是我很长时间以来总想进来走走的地方，虽然几乎每天打从它门口经过，但就因为现在它是“军事重地”，故而总是无缘。这次为写《百年沪闵路》，而恰恰这是个不能遗漏的地方，所以才通过闵行区政协安排了这次难得的机会。

七八十年过去了，岁月的侵蚀会让原来的事物面目全非，所以这里最初是什么样子已无人能说得清。其实在来之前我有这样的心理准备，不奢望能够了解到什么，只是想着实地走访总比看文史资料感受度来得更深些。

我手头资料上仅对这里的一幢主体建筑有过较为细致的描述，其他的情况几乎没有记载。这幢坐北面南的主体建筑为中西结合式楼房，当年分别作过新旧两个上海县政府的机关办公楼，如今则是部队的办公楼，里面的结构倒是没有动过，保持了原样，连双向的木质楼梯也是老的，踩上去甚为结实。

上海县在元至元二十九年（1292）立县，辖于松江府，到1992年9月26日撤销县建制，正好存在了700年整，期间县治地点前后迁移了10次。

民国十七年（1928）7月，国民政府设立上海特别市，上海市从上海县中析出，成为独立的行政区，从此市县分治。民国二十年（1931）6月上海县治决定从已划归上海市的南市蓬莱路171号迁出，选址北桥，并开始在这里进行新的县政府各机关场所的建设。机关大楼于当年奠基，次年12月竣工，于民国二十二年（1933）1月入驻。

机关大楼为砖混结构，主体为二层，中部加建一层纵向阁楼。面阔63米，进深14.70米，青瓦多坡屋面。南立面正门外侧建有前凸门廊，以四根圆形带棱立柱支撑长方形座的花式廊，窗裙均有简单花饰。

县治迁入新建的县署四年后，即1937年，上海沦陷，上海县被日伪分拆，上海县府也被日军占领，用于屯兵，还在这里屠杀军民。接待我们采访的王干事给我看了他收集到的一张照片，上面是日军在县政府门前砍柴烧饭的场景，满地狼烟。1945年抗战胜利后，重庆派来接收上海县的官员来到北桥，看到县府大楼等建筑损坏严重，已无法办公，需要重修，只得决定先暂驻于闵行镇（老闵行），待修复后再迁回。

1948年7月，北桥的县政府建筑修复完工，县政府成员从闵行镇迁回了原址办公。次年，上海县解放，5月19日解放军进驻县政府，建立了新的上海县人民政府，直到1954年4月上海县治才迁往闵行建筑路1号。但从法理上说，1933年至1954年北桥一直是新旧上海县的政府所在地。

上海县人民政府迁出之后，这里就由驻北桥部队使用。

如今，作为旧上海市县分治的特殊产物和佐证，这幢主体大楼建筑

1938年11月被日军占领的民国上海县政府（资料图片）

风貌保持良好，它是闵行区境内唯一完整保存的旧政府大楼，具有较高的文物和建筑艺术价值。2000年9月，由闵行区人民政府公布为文物保护单位，后又升格为上海市文物保护单位。2006年由闵行区人民政府和原南京军区共同出资完成了全面修缮，加固了墙体，复原了建筑的本来面貌。

当然，也不可能是全面复原。比如说那些窗子就不是原来的式样。原来大院的门口是开在北松

上海县政府新屋奠基石碑（林言　摄）

刻有《上海县迁治志略》的石碑字迹已经模糊不清（林言　摄）

路上的，同北桥老街面对面，后来考虑到部队的特殊性，便改在了沪闵路这边。

我在南墙右下角方位看到了一块花岗石碑，上面有阴刻的繁体字，写着“上海县政府新屋奠基，时中华民国贰拾年伍月伍日”的字样。字是用红色油漆描过的，十分鲜艳，估计重描的时间不长。在东墙根处，另有一块外罩有机玻璃的青石刻碑，字迹有些模糊不清，细读之下，原来是当年刊立的记迁建楼的《上海县迁治志略》。上面简述了选址、购地、筹款及建造经过，还有中标建筑方的名字。据相关史料记载，此青石刻碑本来是立在北墙根处的，整修时才迁到这里的。

因为记得区级文物保护纪念地“北桥侵华日军杀人塘”也在这个大院里，我便向陪同采访的部队同志提出可否一观？对方立即答应，并解释说那是在废弃了的后院，平时门都锁着。他随即叫来了一名战士取了钥匙，打开了后院那道锈迹斑斑的铁门。我们一行人跟着走了进去。

在后院东北角，我们看到闵行区人民政府立于1996年4月的文保纪念碑，赫然刻着“北桥侵华日军杀人塘”的字样。当年，这里就是日军秘

北桥侵华日军杀人塘纪念碑（林言 摄）

密杀害抗日志士、乡民的地方。1937年11月，有30余名抗日志士被日军杀害于此，后又有数百上千的乡民在这里被屠杀。

纪念碑周围如今杂草丛生。风雨中，颇有一种“荒草何茫茫，白杨亦萧萧”的悲怆。

敏园惊梦

沪闵路筑就，使得闵行与上海市区不再仅仅依靠水路连接，“一小时中全路达”（李右之诗），让闵行的交通由此通达起来，不再显得那么落乡。民国十一年（1922），作为闵行市政建设先驱的李英石又干了件创风气之先的事情：拨出家田在闵行镇附近兴建游乐性园林。

这座园林取名为“敏园”。它成了闵行地区第一家以营利为目的的私家园林。为什么叫敏园，其实是很好理解的，因为闵行在明弘治年间就被称为敏行，李英石的意思大抵是如此吧。

敏园原址离黄浦江不远，沪闵路以西，华坪路以北，如今的滨江生活广场地块，占地约30余亩。这里与闵行老街斜相对，几步之遥，想当年，逛完老街逛公园，倒也乐哉。

后人的记述，这是一座可与上海豫园相媲美的大型园林建筑。

敏园由上海南市半淞园主姚伯鸿规划。李英石与姚伯鸿是至交，半淞园原来也是一座私家园林，民国六年（1917）由姚氏设计，扩大改建为一处营业性园林，门票为银元2角，儿童及仆从改半。因南市地区少有游乐场所，所以自建成后成为老上海的主要公共活动场地。敏园沿袭半淞园的设计理念，不仅花木扶疏，堂馆丛立，且其游乐、餐饮项目繁多，设施设备也完备和先进，成为各界人士游乐和举办社会活动的场所。一些中外人士纷纷从市区开车、乘车而来，一睹敏园的风采，门票亦为银元2角。

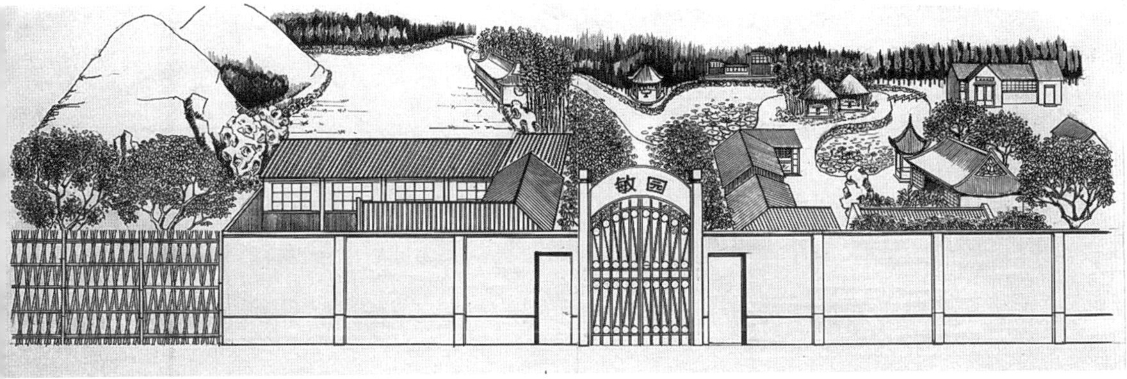

敏园情景画（资料图片）

敏园的拱形大门面东，设在沪闵路旁。门框上弧形拱架上由李英石亲题“敏园”两字，进门后为一条东西向甬道，两边为娱乐、餐饮建筑，甬道通向园西部蜿蜒曲折的人工河，河旁建有水泥石舫，过曲桥后有双联六角亭，通走道向北向西。园南部有土山两座，高约10米的在西，高约7米的在东，均为挖湖之土堆成，两山树木葱翠，登高可畅览闵行及浦江景色。大土山被人工河、湖环绕，山下湖边有花木假山，小桥相通。小土山北为人工湖，植有莲荷。筑湖心亭为茶室与书场。园之北有五楹之“绿野草堂”，由晚清遗老郑孝胥题堂匾，堂前置大假山花圃，堂西为长亭，曲径小道，互通各方。

敏园内娱乐场所有剧场、弹子房（桌球）、舞厅、书场，餐饮有酒吧、茶室、西菜馆、中菜馆（新运楼），休闲服务有新式浴室、西式旅社等。园内设商店一家和供小商小贩设摊营业的商场一座。此外，敏园还置办《敏园日报》介绍游乐内容。也常请沪上戏曲、评弹界的名角、艺人来园演出，还不时举办一些别有情趣的娱乐活动，如猜谜、对联、施放汽球、露天电影、杂技表演等。闵行民众教育馆也借用剧场举办活动或演出。园内建筑物有许多名人字画，如张元济、刘春霖、何丰林等书写的对联和国画大师吴昌硕的画作。

敏园游客以社会中下人士为大多数。在当时社会经济发展条件下，其融园林、餐饮和各式娱乐设施于一体的理念，既打破了私园对外封闭的传统，又开了综合性游乐场之先河，成为民众娱乐和举办多种社会活动的重要场所。

不过，这些都是后人对敏园的溢美之词。实际情况到底怎么样的呢？据民国十三年（1924）《社会之花》第1卷第12期刘凤生撰写的《敏园一瞥》之文介绍，敏园刚开始“所谓假山还是赤条条的一块土堆，所谓假石不过三两座，而且缺乏玲珑剔透之故”。“花草简直没有，不过略有盆景，树木更是寥寥可数，所谓一勺之水更是一勺”。作者还同友人作对子，说“敏园园可悯”，友人答“村女女无称”。其意自然是敏园令人失望，而乡下的姑娘甚为土气，没有可值得称赞的。这位作者是市区人，他是因慕敏园之名，于是乘沪南南柘长途汽车沿沪闵路而来的。但显然对敏园表示遗憾，同来的友人更甚觉闵行人土气。当然，不管怎样，敏园开办，的确为沪闵汽车公司带来了客流，也为老镇商业增加了营业收入。可惜好景不长。

敏园分南北两部分，1923年8月先完成北部，即开放营业，次年4月全部开放。但它的命运实在多舛，同年即因齐卢之战而遭破坏。这一年，直系军阀江苏督军齐燮元与皖系军阀浙江督军卢永祥为争夺上海，兵刃相见。8月起双方集重兵激战，把嘉定当成了主战场，军阀孙传芳乘机进入浙江。卢顿时腹背受敌，只得于18日发表“移沪督师”通电，离开杭州

924年《社会之花》期刊载敏园照片一（资料图片）

1924年《社会之花》期刊载敏园照片二（资料图片）

至上海龙华。当时卢部1000余人驻扎闵行。卢部兵退后，孙传芳部3000余人旋又进驻闵行。因敏园就在沪闵路旁，一时先后成为屯兵之地，这是敏园遭受到的第一轮破坏。三年之后，北伐战争爆发，孙传芳部周荫人军队为阻击北伐军又驻扎进园内，敏园再遭破坏。此时，李英石面对兵燹涂炭，颇有些心灰意冷。敏园后有润康百货店业主孙润华承租，修复后恢复营业。

1937年抗战爆发，闵行沦陷，园地逐被日军占领，驻军养马肆意糟蹋，园西北地块设“军官坟”“表忠塔”，连日本和尚也进进出出耀武扬威。后汪伪和平军、地痞流氓继续东搬西拆，整个园林完全荒芜。据老闵行本地文史研究者汪大纲同我说，新中国成立后，他虽年幼，但对敏园还有些印象，记得当时“园内仅存土山两座、湖池、假山和曲桥亭棚残迹。土山在1953年用于填没湖池及母子泾，之后曾搭建一座大草棚供开会演出用，端午庙会时一些大型杂技、杂耍表演多设在敏园地块内。”

后来，敏园的地块几经变迁，作过副食品（蔬菜）批发市场，还有公路所曾在这里建办公场所。20世纪80年代后，原华坪路街道办事处也设于此。我在1992年时，也曾借街道办事处的几间门面作办公之用，那时没有想到，脚下的这片土地竟然就是当年的敏园所在地。后来这里又变成了小商品市场，可惜因规划缺陷，经营的商品低端，且脏乱差现象严重，安全隐患突出，不久便倒闭了。前两年，这里又被改建为滨江生活广场，但同对面的西南商城一样，因没有特色，现在的状况也不容乐观。前些时候我择了一个周末去逛，那里商家的营业员、店主比顾客还多。看来又得另择出路了。如若讲迷信的话，论风水，敏园的地块似乎有些邪，一直延续到了百年后，此地还是如此不旺。真是命运弄人。

可是又有多少人知道那些往事呢？敏园惊梦，家仇国恨都碎落在其间。

曾经的敏园地块如今建起了滨江生活广场（林言　摄）

李园今昔

一直是知道李园的，也知道这座有百年历史的宅园还在，且据说保存得不错，却从没有涉足过。尽管离我住的地方并不是很远，但无缘便是无缘，或者说从没刻意去那里走走看看。

但如果要了解沪闵路的历史，其实李园是避不过去的。不是说这座宅园的建筑和历史价值如何，只是因为它曾经的主人便是李英石——辛亥革命的功臣，闵行市政建设的先驱，也是当年闵行镇赫赫有名的实业家。就凭着他发起集资筑沪闵路，办沪闵南柘长途汽车公司，足以让后人记着他，尤其对闵行当地人来说，用“景仰”两字并不为过。

85年前，即1933年11月13日李英石就是在李园赍志长逝的，终年52岁。如若放到现在，这正是人生事业走向巅峰的年龄，确实有些可惜。而李园则见证了这位辛亥革命功臣的浮沉，且基本以原貌能保存到现在实属不易。

李园坐落在如今的老闵行建设路39弄内，沪闵路最南端西侧处东西走向的一条小路，当年俗称英石路。知道了门牌号码便很好找。39弄这里已为居民小区，除了大门口那块不锈钢门牌外，上方还有一块小牌，写着“叶家宅”几个字，叶家宅即为当年的李园，因为1958年后，李园易主，置换于当年叶裕大百货绸布店业主叶氏居住而改名。至今还有叶氏后人在此生活。

李园如今已成为闵行区文物保护点（徐俊杰 摄）

我去李园的时候正是冬季，在之前刚下了一场雪，这是上海入冬以来的第一场雪。虽然那天阳光甚好，但寒风萧萧，有点刺骨。进小区后穿过几幢居民楼往里走，在西侧一处便可看到被围墙围了的小院，赫然挂着一块黑底金字的牌子，上书“闵行区文物保护点——李园”。

原来这里就是传说中的李园了。

据资料所载，当年的李园占地面积约2000平方米，东开大门，有往返汽车站。三面有环河道园，南临石驳岸小河，西、北临六曲河。正屋前建有花园，西为竹林。园内有洞石假山3座及水池、秋千架等，还有旱船等休闲设施。青瓦、彩瓷拼花铺径，树木成荫，种植了松柏、桂花树、广玉兰、腊梅等。

园内原有房3幢，如今存有2幢。正屋在北，西南为三开间歇山顶有廊平房，房基高亢由5级踏步上，作会客和居室用。正屋西南为李英石第

如今的李园有些萧条（徐俊杰　摄）

三子李宗道自行设计的三间头带L形日式小洋房，为其居室。正屋西有三开间西南小屋一幢，为厨房和佣人住室，现在早已拆除。

但如果以现在的眼光看，李园其实并不算气派的，倒是所住位置甚佳。东南处已改建为滨江公园，穿过绿植可观奉浦二桥，而正南面则是西闵轮渡站的新址，静夜可闻江轮汽笛声声。在都市里，有如此一块相对独立的院落，实属不易。怪不得我在院落里走动时，碰到现在的房屋主人叶先生，与之聊天，他颇有些得意地说，这里是块“净土”。我问李家后人可有来过，叶先生说，前些年倒是有来看过的。不知李家后人会不会睹物思情，感慨万千呢?

令人略有遗憾的是，如今的李园有些萧条，院落到处堆放着凌乱的杂物，几棵主干树之间穿着铁丝，上面晾挂着衣服，原本的小花园杂草丛生，估计主人家常年不清理，倒是几块假山石顽强地屹立在其中。我问主人家，这是老物？主人家表示了肯定，说应该是当年造李园时就搬过来了。我想也是。当年李英石造敏园，也在园中弄了不少假山石，那么在家中院落里置些石景，是自然不过的了。江南富家或文人雅士往往寄望于山水，这番情怀是免不了的。

心里总有些可惜，这么好的一个园子，没见主人家精心侍弄，就这样被耽误了，实在为之惋惜。

毕竟李园的旧主人不是一般的人物。且在老闵行，拥有百年历史的老建筑已极少了，除了原来老街上的项宅得以被有识之士保留修缮外，其他的几乎已化为尘土。但我等又能奈何呢？

闵行摆渡口

1961年10月的一天，现代文学家、历史学家，时任全国人大常委会副委员长郭沫若先生来到刚建成二年的闵行卫星城视察，并下榻位于一号路上的闵行饭店。

第二天，郭老偕同夫人登上了闵行饭店屋顶平台鸟瞰一号路全景，放眼望去，高耸入云的烟囱和鳞次栉比的厂房饶有气势地屹立在黄浦江边，一片欣欣向荣的景象，他诗兴大发，当即赋诗一首："不到闵行廿四年，重来开辟出新天。万家居舍联霄汉，四野工厂冒远烟。蟹饱鱼肥红米熟，日高风定白云绵。谁能不信工程速，跃进红旗在眼前。"郭老告诉陪同的闵行饭店首任经理胡铨，他和闵行其实颇有渊源，早在1937年就曾到过闵行，在闵行摆渡到沪杭公路，而后辗转内地参加抗日战争，对这里印象很深，所以诗里起头才有"不到闵行廿四年"这么一句。

1937年对中国是不同寻常的一年。这一年抗日战争全面爆发，日本军队凭借坚枪利炮进犯中华大地，作为东亚第一大城市的上海也无幸免。是年8月，郭沫若从日本潜回上海，投身抗日救亡运动，在黄浦江两岸开展战地慰问工作。8月24日下午，他同文化界著名人士田汉、夏衍等一行由市区沿沪闵路搭车前往驻守在奉贤南桥的国民党第八集团军张发奎司令部。途经闵行摆渡口时，为等候前去慰劳抗日将士的上海各界抗战后援会成员，郭沫若一行便在闵行摆渡口稍作停留，并在闵行老街兜了一圈。

这里所说的闵行摆渡口，如今还在，官名叫着西闵线闵行轮渡站，承担着黄浦江上闵行到奉贤西渡的轮渡航运任务。我们本地人习惯把“轮渡”称为“摆渡”。

而沪闵路南段的头就在这里，到了摆渡口便结束了。当年李英石修筑沪闵南柘路，也是要摆渡过了江，从西渡开始筑南拓段，往南经南桥、柘林，而往浙江乍浦、平湖等地。这就是后来的沪杭公路。

西闵线轮渡已有百年历史了，航线连通沪闵路和对江沪杭公路，如今在航线之上飞架起了闵浦二桥，但在奉浦大桥、闵浦二桥还没有建成通车之前，西闵线轮渡几乎是唯一连通闵行和奉贤的水陆交通要道。再早的话，没建松浦大桥之时，金山往市区也是走这里的。作为上海西南地区跨越黄浦江连接沪闵路、沪杭公路的交通渡口，它的作用和历史意义不是一句话能带过的。

所以说，西闵线客渡航线是有年头的客渡线，闵行渡口是有历史的渡口。

凭借地理位置和水利条件，闵行老镇自古就镇市兴盛，闵行外滩很早就设有摆渡口，它地处米市渡与闸港之间的黄浦江中游，其前身称瓜泾塘。明代专记抵御倭寇史事的《筹海图编》称，“江南经略，皆以闵行为渡，黄浦入松江府通衢，故称水路要津。”

该渡设于清末民初，最早为民间手摇摆渡。

1932年，连接沪杭公路的闵行轮渡由全国经济委员会主持办理“于该地之黄浦江两岸筑成钢引桥连趸船浮码头，并造柴油钢壳渡船‘经航’一艘，以供汽车渡江之用，每次可运载两辆小型汽车和70名乘客，车、客混装。同年10月10日正式通航。设立了闵行汽车轮渡管理处，是全国

1932年10月10日在闵行西渡举行的通车典礼，董修甲夫人剪彩（资料图片）

官办车辆轮渡之始。”次年10月4日，又增添驶“济航”号轮，每渡可载10辆小型汽车及载客120人。闵行轮渡为沪杭公路咽喉，往来车辆甚多，每月平均流量近千辆次和3万余人次。

1937年8月13日，日军飞机轰炸闵行轮渡，闵行轮渡码头被炸毁一部分，“经航”渡轮被炸沉，尔后“济航”渡轮也被日军掠往南京浦口作渡轮。沦陷期间，维持汽渡的是日军征用两艘15吨木船并排扎在一起载车，再用拖轮拖带渡江。抗战胜利后，由民间以原两艘木船并扎，手摇渡江。后由市轮渡公司相继置登陆艇1艘及由驳船拼接改装的简易汽车渡轮1艘恢复渡运。

1946年4月，闵行当地35人合伙集资购置1艘木壳轮船，取名“顺风”1号渡轮，可载客60人，经营闵行至西渡的白天渡运业务。同年又

“经航”号渡轮（左）和“济航”号渡轮（右）（资料图片）

置1艘同类型船作为备用，取名为“华泰”轮，并成立民营“闵渡公司”。1952年改为“闵渡轮运行”，1953年并入“沪南轮运行”，1956年合营于松江专区航运局所属“松江轮船公司”。

1958年原松江专区所辖各县划归上海市辖后，经上海市公用事业管理局决定，闵行轮渡于4月1日划归于上海市轮渡公司接管，统一经营管理闵行车、客渡航线，称西闵线。因西闵线客渡码头长期与长途客运合用，乘客上下、货物装卸都很不安全。1962年，在新建长途客运码头的同时，也新建了对江渡候船室。

西闵线曾于1967年、1987年、1993年、2007年经过几轮改造，迁建。2011年7月，市轮渡有限公司撤销原轮渡站建制，成立营运分公司，西闵线隶属闵行营运分公司。

由于地理位置特殊，自古以来南来北往的商船和车马途经闵行时纷纷靠岸，到镇上歇歇脚，谚语有云“尴里勿尴尬，闵行要过夜”。闵行老街则趁势敞开大门，为八方旅人提供服务，成为各路客商的中转站，也让老街日益繁荣起来，曾被誉为“小上海”。20世纪四五十年代，闵行老街

20世纪80年代的旧西闵线车渡口（资料图片）

商家聚集，是上海地区粮米、棉花、毛猪的集散地之一。

西闵线轮渡最辉煌时期当数20世纪80年代末90年代初，那时常备对江渡轮3艘，日均渡客量2.7万人次，年运输量达到千万人次。造成如此人流井喷现象的主要原因是闵行经济技术开发区的迅猛发展。那时整个奉贤的小青年们似乎都到闵行来“寻生活”了。这话自然有点夸张，但当时闵行开发区引进了诸多世界500强企业，需要大量年轻员工，因为待遇高福利好，吸引了对江金汇、邬桥、西渡等离闵行仅一江之隔的附近乡镇的青年。每天上下班高峰时，渡口到处是人，密密麻麻，拥挤不堪。遇到大雾天，都要排出去好几百米远。连汽渡轮都要帮忙载人，下完客船就调头返，否则就载不完人。

去年初，我为了筹拍一部关于这座百年轮渡站的纪录片，曾作了深

20世纪80年代的西渡车辆轮渡站（资料图片）

入采访，与轮渡站上的水手、船长们多有交流，他们讲了不少往事。做过客渡船驾驶员、现已退休的老闵行人宋志辉说，早年前，奉贤人善种西瓜，每到夏季，西瓜上市，奉贤的农户就要采摘好西瓜运到闵行来售卖，西瓜不经放，时间长了要坏掉，所以一到晚上，渡口全是运西瓜的人和车，那时车是手扶拖拉机，用柴油，开起来“叭叭响”，经常要排两三个小时的队才能乘上船。这样的情况会持续一个多月，直到西瓜下市。而老宋的同事胡龙军则感叹起开轮渡人的辛苦。长期以来，在轮渡人中流行着一句话：“天下三样苦，撑船、打铁、磨豆腐。”轮渡船员的工作的确很吃力。驾驶员整天和一只又笨又重的方向盘打交道，每天要盘几百次，一天下来，两只臂膀又酸又痛；轮机员则整天蹲在又矮又小的机舱里，听着驾驶员的命令，开动机器，一天到晚开车、吃排、前进、后退，热天热得汗流浃背，一步也不能离开机船间；水手的劳动强度则更高，整天拿着一根20多斤重的缆绳，“套泥菩萨，拔牛尾巴，而且吃力不讨好”，特别是冬天，缆绳着水结冰，又硬、又滑、又重、又冷，捏在手里，冷到心里，而且船靠码头时又要将它抛到两三米以外的桩头上，然后用力拉紧。这样的操作，每天重复要近百次。

西闵线轮渡不光方便了来闵行的奉贤人，实际上几乎每个闵行小孩也都有坐轮渡的记忆。比方我在读初中时，就是把乘轮渡到西渡当作游览黄浦江来看待的。当年，与闵行摆渡口相邻的闵行老街还没拆掉前，大街小巷人流熙熙攘攘，农贸市场上的菜也是新鲜价廉。虽是一江之隔，但闵行和奉贤是“两个世界”，一个天，一个地；一个繁华闹猛，一个贫穷落后。用我住在奉贤邬桥的朋友的话讲：“当初我们乘轮渡到闵行去，就

这座老轮渡站如今又向西迁移了（资料图片）

像你们闵行人到市中心去一样的。”那时候，老闵行在他们眼里真的太闹猛了。因为没有钱，就到老街上随便逛逛，看到南北大街上的汤团店里挤满了人，买汤团要排队，还觉得很奇怪，因为这东西在乡下太常见不过了。

2013年，闵行滨江绿地项目正式筹建，计划以交通集散、文化休闲、宜人居住、生态建设等功能为核心，建设充满活力的公共活动区域，营造都市滨河新景观，提升地区环境品质，打造闵行区滨江沿线景观新地标和样板示范段。为配合这个项目，轮渡站又一次搬迁了，往西迁移300米左右，正对着兰坪路。

对于原来的摆渡口是否要拆掉，还是作为历史遗迹保留，当地政府原本也在纠结。我曾被邀参加相关方案讨论会，我的观点是予以部分保

再次西移后全新的西闵线轮渡站（徐俊杰　摄）

留，比如活动船坞等。这既可作为滨江绿地的一个景观点，也为这片土地留下一点乡愁印迹，更是对历史的尊重。

百年西闵线轮渡，多少悲欢离合在这里演绎。轮渡渡过的不只是乘客们的一段旅程，还有每个人的希望、期盼和梦想。

在这里，我们寻获的不仅仅是一段段记忆，还有这座城市独特的气息。

革命军中马前卒

知道邹容（1885—1905），是因为一部《革命军中马前卒》的电影。一晃也已30年了。那时我正在读大学，平素业余生活单调，看电影成为少有的娱乐项目。学校旁边有个城南电影院，乡镇级别，常放些老片，于是我常耗在那里。

作为中国著名资产阶级革命家，邹容是一个不该遗忘的名字。他18岁时便以“革命军中马前卒”之名写就《革命军》一书，被誉为中国近代

邹容画像及遗作（资料图片）

位于老沪闵路华泾路处的邹容墓（资料图片）

的《人权宣言》。孙中山赞誉此书“为排满最激烈之言论”“能大动人心，他日必收好果”。当时担任《苏报》主笔的章士钊著文说：《革命军》“诚今日国民教育之一教科书也”。

也正因为邹容的革命言论和这本书的影响力，清廷对其恨之入骨，于是勾结英租界当局，将寄居于上海的邹容逮捕入狱，并迫害致死，时年21岁。

21岁，与我那时的年龄相仿。我不记得看电影时所生发出来的感慨了，但邹容这个名字却深深地印在了脑海中。

许是我真的是孤陋寡闻，30年后，我才知道，邹容的墓其实就位于徐汇区华泾镇西的老沪闵路旁，这里在1992年前也属原上海县地界。春申路在此与老沪闵路交会，算是到底了，而东侧即为华泾路。沿着华泾路走不多远，便是一条幽静的小路——位育路。这里有个街心花园，园内遍植松柏、鸟语花香，邹容墓就静静地坐落在那里。

择了一个周日，我驾车特地沿着断断续续的老沪闵路到华泾，去邹容墓地拜谒。踏入院内，眼前一座2米多高的塔碑上刻着“邹容之墓”四个大字，后亭的碑石上是章太炎为邹容撰写的墓志铭及一篇《赠大将军邹容墓表》。大概是冬日加之天气阴寒之故，园内几无游人，只有一位老先生在气定神闲地打着太极。

这里没有正式的门牌号码。我想如果不是周边的居民，少有人会知道，那位辛亥革命的先驱、赫赫有名的民国“大将军”邹容烈士即葬于此。

邹容出生在清末重庆一个殷实的商人家庭，在山河破碎、民族危亡、百姓生活暗无天日的时势下，同时受到西方新思潮影响，少年时代的邹容就表现出对封建礼教的厌恶。十三岁参加童生考试，邹容因考官出题刁僻，愤而罢考。他对父亲说：“臭八股儿不愿学，满场（清朝考场）儿不爱入，衰世科名得之又有何用？”

当时西方新知识力量在中国社会广泛蔓延，维新思潮在全国迅速传播，涌动的形势激起了年轻的邹容探求新知的强烈愿望。1901年，邹容告别家乡，来到上海同文馆求学，并计划一年后从这里赴日留学。

比之当时的重庆，上海更开放、文明，充满新思潮的气息，这里也可以买到更多内地无法得见的新报新书。邹容将大量时间用于阅读书报，新知的吸收使他开始重新审视现实社会和政治。

当时中国的新学主要从邻国日本传播过来，大多数进步报刊均创办于日本，西方各种政治社会学说也多通过日文著作译介而来。对于当时许多以西学为救国不二法门的爱国青年，日本对他们的吸引力是巨大的。1902年9月，邹容从上海启程赴日留学。此后在日本一年的求学以及与其他中国留学生的相处过程中，邹容的思想逐渐打磨成熟，救国救民之愿在他心中燃烧。

在留日期间，邹容就开始写《革命军》一书，1903年4月，他带着未完成的稿本回到上海。此时民族民主革命风潮已经在这座城市有了更蓬勃的发展。在这里，邹容完成了《革命军》。在《革命军》一书中，邹容从天赋人权的近代政治理念出发，将西方近代政治学说与中国现实结合在一起，指明了现实前进的方向。正是因为《革命军》一书在中国近代政治思想史上的影响，使得人们对邹容的悼念一直延续到今日。

邹容等人在上海宣传革命，大放光彩，自然被清政府视作眼中钉。1903年7月，清廷一手促成"《苏报》案"，邹容以及他的前辈好友章太炎都被捕入狱。在狱中章、邹两人仍互相勉励，写成不少鼓舞人心的爱国诗篇。然而监狱环境终究恶劣，到1905年初，邹容大病不得愈，死于狱中。

邹容年纪轻轻就卒于狱中，许多革命人士都猜疑是清政府买通狱方毒害所致。为此几十个留日学生筹措经费在东京专门设立了办事机构调查死因，宋教仁等人也参与了此事。可惜调查最终无果，邹容的死因至今仍是个谜。

由于邹容是清廷要犯，邹容的亲属不敢去认领遗体，邹容生前好友、革命志士陈去病此时想起自己在日本结识的友人刘季平（刘三）家居上海，宅第甚广，便去信相求。刘季平和堂兄刘东海得悉此事后，提出捐地安葬烈士遗体。由此，邹容的灵柩被悄悄运往上海华泾，安葬在刘家宅第。

华泾公园内的邹容纪念馆（林言 摄）

今天我们所见的邹容墓是1981年上海市政府在原址附近扩建重修的。不过这个墓地只是个衣冠冢，埋葬邹容尸骨的原址和义士刘季平的墓地已在“文革”中被破坏了。

在邹容墓不远处，位于华泾路868号的华泾公园内，原为刘季平故居的黄叶楼已经修缮一新，作为邹容纪念馆对外免费开放。黄叶楼是幢白色外立面的三层楼别墅，民国时期的西式建筑，原址本不在这里，2004年由徐汇区人民政府迁址于此，异地保护。

纪念馆大厅内放置着的邹容半身雕像还原了这位革命先烈生前年轻的身影。雕像后方的背景正是他的著作《革命军》，黑白两种色调对比象征了黑暗时代的一缕曙光，将参观者迅速带入了当时暗流涌动的时代背景。

门口的保安师傅很是热情，边引导边介绍说，二楼还有展厅呢。我听着他一口并不标准的普通话，便问他老家哪里的，这位姓毛的保安说他是陕西西安人，来上海打工三年了。“这里很冷清啊。”我说。“平时还可以的，”毛师傅答道，“学生来的比较多。”

“哦。”我轻轻点点头。忽然记起，刚才从邹容墓走过来时，看到了位于位育路1号的上海位育中学。位育中学是创办于1943年的上海市重点中学，75年耕耘，为国家培养了一大批出类拔萃的优秀人才。“位育”一词取自《中庸》的“致中和，天地位焉，万物育焉。”学校创始人、著名教育家李楚材先生把它表述为“生长创造”。

位育中学的校歌朴素而饱含深意，从1948年沿用至今未变。它最后的几句歌词是这样的：

人生目的不可忘，

将来国事谁担当，

创造，

生长，

位育意义深且长。

轻轻地哼着歌词，体味着此中的情怀，竟觉得这同邹容当年对革命的追求不谋而合。

透过位育中学教室的窗户，便能望见街心花园的邹容墓，不知那些意气风发的学生们能否想起这位革命军中的马前卒。邹容写《革命军》时，和他们的年龄其实差不多。

以后，谁经过老沪闵路华泾段时，请记住这里有这么一位先辈。

“华理”琐记

老沪闵路市区方向起始段处有条相交的小路，叫梅陇路。

梅陇路不在梅陇，就如闵行路不在闵行一样，原本是挺正常的。就比如全国各大城市中随处就能见到的中山路，也并非广东省中山市所有。

但上海的这条梅陇路，原本就是在闵行区的梅陇镇区域内，1992年底才被划给了徐汇区。

一同划走的是位于此地的华东理工大学（下称“华理”）。华理正门在梅陇路130号，东北门则是老沪闵路。沿着老沪闵路的上海方向过来，

华东理工大学（资料图片）

就能见到一幢高高的大楼矗立在路旁，顶部贴墙的是红彤彤的校名。

这是目前老沪闵路上唯一一所大学。当然若把沪闵路算进去，那位于东川路上的上海交通大学闵行校区也可以勉强列入，因为这个校区离沪闵路很近，五分钟便可走到。该校的数万学生和教职工如果出行，最方便的是搭乘沪闵路的公交线路或者五号线轻轨。我有一个在合肥的老师，她女儿1988年时从安徽考入交大，多年后我问她，在上海求学的这些年，影响最深的是什么，她竟然脱口而出，是沪闵路，因为那时到市区只有走这条路。

而我对华理还是蛮有亲切感的，早在1987年就曾到过这里。那时，我的一位小学中学的同学由七宝中学考入了这所全国重点大学，因为关系比较要好，我便和其他几位同学相约去看望他。我们还有些同学考入了上海师范大学、上海机械学院等，更有的则考入了位于奉贤的上海技术师范大学，论名气，华理似乎是最响的。彼时，华理还叫华东化工学院。1993年才更为现名。后来我在文学界的一位老师的女儿也考取了这所学校并直升研究生。前些年我的一位幼儿园就同学的“赤膊”兄弟的儿子也进入了华理。所以那天我从老沪闵路经过华理时，不仅欣然一笑。

华理办学历史可追溯到100多年前的南洋公学和震旦学院，1952年10月10日由交通大学、震旦大学、大同大学、东吴大学、江南大学等校化工系合并组建而成。刚创办时，华理校址并不在梅陇，而是位于江湾平昌街，即今政法路195号原同济大学理学院。1953年3月，学校开始新建梅陇校区（今徐汇校区）。

华理要从江湾迁来梅陇新校区办学时，所征用土地约为600亩，位于张家塘港南岸、老沪闵公路以西、梅陇镇公路北侧和东上澳塘港东南岸的围合区之内。实际上，当时此区域内还有部分村落，如东南角的陆家巷、西北角的行前村以及镶嵌在西南隅之中的南春华堂等。

而之前文中提到南春华堂，当时在本地挺出名。

南春华堂，既是地名，又是一大宅院，原位于东上澳塘港（现称梅陇港）之南，即现在梅陇路北侧的化工一四村和化工二三村之间（停车场处）。

南春华堂建于明弘治末年（1505）至正德年间，主人是明代张姓告老官宦，迄今已有500多年历史，颇具江南古民居建筑风格，为目前上海仅存的明代民居代表作。

南春华堂原名“村花堂”，但之前明代诗人黄瑾在东上澳塘港之北已建有一座“别墅”，取名春华堂，因两者发音相同，故后人谓“村花堂”为南春华堂，以与（北）春华堂相区别。

清道光年间，黄瑾后裔黄其祥将北春华堂作了迁址改建，为黄氏宗祠。后因家道衰落以及战乱，特别是1942年日军的侵占，仅存的几间祠宇也被彻底焚毁。北春华堂遗址约位于现华理小红花幼儿园北侧的化工一村住宅小区内（其土地于1973年被学校征用）。

至清末民初，南春华堂后人张洪祥又将房产转手卖给了费、朱两户人家，以续之。1963年，上海县人民政府将南春华堂列为文物古迹，但由于各种原因，没有得到有效保护，以致日益破败。2003年6月，经徐汇区政府和上海市文物管理委员会共同出资，将南春华堂迁至徐汇区南丹路17号光启公园西南角并作了抢救性修复。南春华堂现为徐光启纪念馆。

我还从陆宪良先生撰写的一篇文史文章中得知，早年在华理附近曾经有个中国公墓。一个公墓竟以“中国”冠名，可见来头不小。据说袁世凯的外甥也安葬于此。

中国公墓，原位于老沪闵路799号，由浙江慈溪虞和德等人集资购地约120亩于1928年建成。公墓分福、禄、寿、喜4个墓区，早先有墓1500余穴，还有寄放3500只骨灰盒的房屋，规模不小。1957年，该公墓由上海市民政局烈士管理所接管，有管理人员20多人。1966年“文革”爆发，受“破四旧”旋风侵袭，冥地不保，所有棺柩、骨灰盒全部登报，限时认领、搬走。无主墓穴中挖出来的“金银财宝”，全部上交给了中国人民银行漕河泾支行和上海博物馆，墓园内的“古树名木”也被迁到了附近的龙华烈士陵园等。该公墓之地后为上海机电设备公司梅陇仓库所用。21世纪初房地产发展热潮中，仓库遂被推倒，新建了居民住宅等，是为现在的阳光绿园小区主体及周边的商用楼。

六十多年沧桑岁月，昔日的墓地、农田，如今早已难觅踪影，华理周围，一片片新兴住宅小区拔地而起。在建的号称“西部走廊”的上海地铁15号线，有段路线沿着老沪闵路行进，会经过上海南站、华理等地，直通位于闵行吴泾的上海紫竹国家高新区。

看来这一路房价又要上涨。当然从规划上看，15号线会在华理设站，华理师生今后出行更便捷了。

等待涅槃

说起颛桥中学，对于闵行南部的人来说，并不陌生。尤其在20世纪80年代，颛中在上海县的名气不小，当然它不能跟七宝中学、莘庄中学，还有后来因区划调整被划到浦东新区的三林中学相比，但至少没有像若干年后那么没落。

颛桥中学设立过高中，我的很多小学和初中同学都曾考入那里就读，后来有的读了中专，有的读了大学，更多的是高中毕业就结束了学业工作，所以我对这所学校还算熟悉，30多年前就出入于颛中位于老沪闵路上的校园，找同学玩。然后又约上他们，骑着自行车，沿着沪闵路，穿七莘路赶到七宝，找在七宝中学的同学吹牛聊天。颛中的同学明显比七宝中学的同学来的放松，没见有多少学习压力。那时七宝中学已经显出牛气，读了七宝，考不取大学，是很没面子的事，反倒是颛中的学生少了这样的负担，考不考得取都关系不大，毕竟在80年代中期，高中生的含金量似乎也算不错，尤其在农村地区。

颛桥中学算是所有年头的学校：1948年初创办至今，已有70余年。它起初是一所私立学校，名为“私立颛桥初级职业学校”。发起创办的是颛桥镇上知名人士张翼（1899—1975），人称“江苏怪人”。他是著名教育家陶行知的学生，其父张国华，系同盟会会员，任乡议会会长时，为家乡创办了颛桥学堂。1920年起，张翼子承父业，投身农村教育事业，在一

颛桥中学创办于1948年，至今已有70余年（林言　摄）

所乡村小学任校长近5年，后又创办颛桥中心小学，并任校长。后来张翼到南京晓庄师范进修，拜陶行知为师。陶行知对这位来自乡村教育第一线的学生非常赞赏，进修期满，欣然为他题赠一副书联："吃得苦中苦，方为人上人。"

虽然20世纪三四十年代，因日寇侵华、战事纷飞、民不聊生，但张翼始终保持着一份知识分子的良知，为地方建设尽心，为抗日救亡尽力，为社会服务尽职。这段时间，他奔波于全国各地，坚持平民教育活动。抗战胜利后，他回到家乡，被推选为上海县参议员，依旧热心支持地方办学、修桥铺路等公益事业，使当地好几所因抗战而停办的乡村小学及时复校开课。当时，颛桥地区还没有一所公立中学，民众强烈要求兴学，但政府以资金不足为由久拖不决。张翼便发起社会募捐，在当地富户周义隆、陆鸿盛等人的赞助下，开办起了初级职业学校，这就是颛桥中学的前身。1949年2月，学校由国民上海县政府批准，列为公立，校名为“上海县颛桥初级职业学校”。

张翼无子嗣，他的侄子张寿珏如今还住在颛桥。当地文史学者称张翼为“乡绅”或“乡贤”，对此张寿珏颇为“反感”，许是因为张翼在“文革”中受到不公，在他侄子看来戴了“乡绅”或“乡贤”的帽子等同“地主”之类的。于是逢人就强调张翼是“教育家”。事实上张翼在当年自然是可以称得上“教育家”这个称号的，但如若说他是乡贤也是没有什么问题的。

最初的颛桥中学不在老沪闵路上，而是在颛桥镇西街旧庙福智庵（当地人俗称西庙）的庙屋。1951年由于学生人数增加，旧校舍容纳不下，学校就在颛桥镇老沪闵路东侧，新建了一排平房，作部分教室，1953年下半年，又增建了两排平房，一座草棚大礼堂，以及食堂、门房、大操场，四周围以围墙，把学校全部迁入新址，废弃了西庙旧校舍。

在1958年前，颛桥中学基本是初中学制，直到当年8月，改为完全中学，招收了一个高中班。在2003年，初、高中分离，高中整体搬迁至都市路附近的田园路，名为“田园高级中学”，与颛桥中学完全分开。不过，田园高中总归是继承了颛中的“血统”的，又同处一地，总免不了有着千丝万缕的关系。比如如今的颛中校长李卫军，便曾是田园高中的语文老师。这两所学校的校长，我都十分熟悉，田园高中近年来以“美育引领”办校，学生素质大为提高，本科录取率年年见涨。

相比之中，颛桥中学则落寞的多，它在现今的闵行区似乎始终是一

1951—1965年间颛桥中学的教学用房（资料图片）

副乡村中学的面孔。学校建设比不得那些新学校，而学生来源因受地域和政策影响也比较单一。

其实，颛桥中学并不是籍籍无名的，也曾培养出一批的优秀人才，毕业生遍布全国各地，有的还曾担任过省、部级重要职务。在国内饱有知名度的篆刻书法家艺术家、西泠印社社员吴颐人，就是该校58届学生。1979年6月，“文革”后该校招收的第一批高中毕业生中有一位叫陈建辉的学生，高考时取得了全县文科第一名的好成绩，一度让人对这所乡村中学刮目相看。

2016年6月，李卫军调任颛桥中学校长。其实2001年他刚从湖北师范学院毕业到上海工作时，第一份工作就是在颛中任教。两年后，颛中分出高中部，组建田园高中，他才去了那里。上任之初，他曾感慨地对我说，颛中也曾一度辉煌，而如今之状况不容乐观，自己真的压力很大。在9月份开学时，他随即提出了“凝心聚力、求真务实、攻坚克难、守正出新”的办学精神，希望能够抓住发展契机、破解发展难题，向“家门口的好学校”迈进。

两年后，在颛桥成立七十周年之际，我再问他现在感觉如何，他告诉我八个字——“兴我颛中，再创辉煌”。

这位喜欢写词作赋的小个子校长信心满满。而这所在老沪闵路沪闵路交叉口的学校能不能再次焕发勃勃生机，来一次凤凰涅槃呢？我想可以。

再起高楼

何美龙是个很有趣的人。他给我的印象似乎不像个校长，甚至他在担任闵行教育局副局长时，我也没觉得他是一个政府官员。事实上，有这种感觉的人，不止我。

何美龙喜欢在自己的朋友圈里晒娃，他家的“二宝”，三岁小姑娘的各种萌态都被他拍了下来；他也似乎特别喜欢做菜，一张张美食图让人垂涎欲滴；当然，他还会发表各种对教育的感想，有些话很大胆，但很

闵行中学校舍和操场（资料图片）

深刻，直击教育的痛点和现状。他不避讳，似乎是一个冷静的旁观者，丝丝入理地分析着当今教育的诟病，并施以良药。

一个能让外界把自己的职业身份模糊掉的人，一定是个与众不同的人。

但我并不觉得何美龙太突兀太另类，我甚至认为人前人后都能体现真性情的，才能担当起一所具有90多年历史的中学校长之职。

是的，1928年建校的闵行中学91岁了，何美龙现在是这所学校的校长，他在这里时间不算太长，2015年8月起担任现职，满打满算也只不过4年多点。

闵行中学位于江川东路沪闵路东侧，曾经是当地人心中一块闪亮的牌子，如果闵中的老师和学生“阿Q”些，一定会说“想当年……”

对，想当年闵行区本来只有两所市重点——七宝中学与闵行中学。把时间追溯到10年前，这两所学校基本处于同一水平线，实力不相上下。再往前推到1992年前，原闵行区和原上海县没有区县合并时，闵行中学便是原闵行区独一无二的市重点，多少学生想进入这所学校，所谓趋之若鹜不为过，所谓万千宠爱集一身也不为过。

可是近10年，七宝中学一冲到天，一骑绝尘。与七宝中学名气越来越响，形成强烈反差的是：闵行中学却淡出了大家的视线。

一所1964年就被确定为上海市50所重点中学之一的学校，似乎就这样一蹶不振。

翻一下闵行中学的历史，事实上其底蕴还是蛮丰厚的。

民国十六年（1927）4月，南京国民政府成立，7月7日成立上海特别市（后称上海市）。10月15日，由江苏省政府代表严师愈，上海县县长

1948—1951年间原文绮中学的校舍（资料图片）

江家楣和宝山、青浦、松江、南汇等县县长召开会议的决议为：以上海县的全部19市乡、宝山县的6市乡和旧属宝山、松江、南汇的部分地区为域，建立直辖于中央政府的上海市。次年（1928）3月15日，国民政府又召集会议，为尊重江苏省政府的意见，对上海县属的三林、陈行、马桥、曹行、塘湾、北桥、颛桥、闵行等8乡暂缓接收，上海县得以保留。市县分划后，上海县的面积仅存114.7平方公里，县境减缩十分之六，且繁华之地悉数划入上海特别市，上海县沦为三级县。

当时上海县内竟无一所中学，尽快开办中学和进行师资培养迫在眉睫。

于是，上海县教育局拟具计划，指定房产租金为经费来源，择定原闵行镇强敏、崇实两小学旧址拔归使用，呈准国立中央大学开办县立初级中学和乡村师范学校。需要澄清的是，强敏、崇实两所小学，不是上海县立初级中学的前身。

上海县立初级中学和乡村师范两块牌子，一套师资、一个校址。

是年秋，初级中学招收一年级生一级；乡村师范招收四年制正科一级、一年制特科一级。四年制系招收小学毕业生，一年制特科系招收初中毕业或曾任小学教员二年以上者。九月开学，教材选择为：初中各级悉遵部颁标准施行；师范因四年制课程标准教部尚未颁布，暂依学校自行拟订之课程要旨施行。后乡村师范于民国二十四年（1935年）47名学生毕业后停办。

1938年，日军侵占闵行镇后，县立初级中学停招新生，原初一、初二升级学生迁上海思南路“松沪中学”念书。该校为松江县中和上海县初级中学合办，校长潘宝书。学生毕业后学校停办。

日伪期间，民国二十九年（1940）秋在原址开办私立闵行中学，曾随日伪政权更名为北桥特别区立闵行中学和申江县立闵行中学，抗战胜利后改称上海县立闵行中学。

民国三十六年（1947）恢复上海县立初级中学原名至解放。

1951年，上海县立初级中学合并文绮高级中学，改名上海县中学。

1959年2月，改名上海县闵行中学。

1961年1月合并“民办新闵初级中学”，改名“上海市闵行中学”。这个校名沿用至今。

著名画家黄永玉曾在这里任教。1947年初，年仅23岁的黄永玉来到闵行镇，成了上海县初级中学的美术教师。10年前，他写过一篇《黄

20世纪七八十年代的闵行中学校门（资料图片）

裳浅识》的文章，提及这段往事。任教期间，黄永玉加入中华全国木刻协会，从事木刻运动。一年以后，他偕妻子离开闵行去香港闯荡。20世纪80年代，国画大师李可染为闵行中学题写校名、校训并赠墨宝“实者慧”。建校90余年来，闵行中学培养了数不清的知名校友。

美龙校长跟我说，其实他早在1991年就与闵行中学有过一面之缘。那时他即将从上海师范大学毕业，陪着数学系浙江老乡到闵行二中应聘，顺便看了看闵行人心中的重点中学——闵行中学。到了闵行中学，依稀记得大门进去就有一个礼堂模样的较为精致的建筑。再有几排灰砖房，一条300米不到坑坑洼洼的煤渣跑道操场。陪同他们看学校的同学姨夫说：“当闵行中学教师的要求是很高的，你们不一定进得来。”于是，他的同学不敢奢望了。而美龙倒没什么，他基本确定留在师大附中任教，所以几乎对闵行中学无感。没有想到2006年，他还是来到了闵行，先是在七宝中学任教，两年后竟被调到了闵行中学，2010年又被调到区教育局工作。直到2015年再回到闵行中学。他感叹“不可思议”。

美龙再到闵中时，受多种因素影响，此时学校士气有些低落，他决心锐意改革，重振这所老牌市重点。他团结校中层干部、落实分级管理，完善绩效奖励、改进食堂工作、开辟教职工“五院”就医绿色通道、改善教室办公条件等，逐步凝聚人气。通过学生问卷，测评教室在各专业环节的投入程度，督促他们提高工作效益。

一个好校长，成就一个好学校。闵中很快触底回升，高楼再起，打败了一系列知名市重点，排名升至全市TOP30的位置。

美龙很会做，很会写，也很会说。

他的一些经典话语常令人耳目一新，比方说：“学习没有捷径，无法‘突击’优秀”，“要毫无时间观念地疯狂学习，参加各种活动，过有质量的更高层次的学习生活”，还有就是“学习算不了什么，可是连学习都征服不了，你能干什么？”……

闵行中学搬过几次校址，从最初建校时的英石路（今建设路1号），到1958年至今的江川东路950号，其实都在沪闵路边上。

美龙上下班都会走这条路。

附 录

30个打卡点，“读懂”沪闵路

百年沧桑沪闵路，风景这边独好。

无论是过去的沪闵南柘路（老沪闵路），还是如今的沪闵路，它在上海西南地区所起到的作用是举足轻重的，其地位毋庸置疑。一方面缩短了城乡之间的距离，促进了并见证了沿线地区的经济和社会发展，让文明和繁荣走入田野阡陌；另一方面，更是串起了原本散落于四方的城镇乡村、名胜古迹，沿路风景嬗变如同时代发展的万花筒。一路风景，一路故事，一路的乡愁感怀。

有人说，沪闵路是条“网红路”，或许那些打卡点才是其真正的意义所在，展现出不同历史时期闵行的人文风物之美。

闵行渡

闵行渡为西闵轮渡线的渡口，原址正对着沪闵路。这里是闵行老镇区域。对江则为奉贤西渡，凭借优越的地理位置和水利条件，闵行老镇自古就镇市兴盛。而闵行外滩也很早就设有摆渡口，地处米市渡与闸港之间的黄浦江中游。其前身称瓜泾塘。轮渡出现于清末民初，最早为民间手摇摆渡。民国二十一年（1932），造车客混装的柴油钢壳渡船，于同年10月10日正式通航。并设立闵行汽车轮渡管理处，这是全国官办车辆轮渡之始。

闵行渡历经多次改造、迁移。2007年建闵浦二桥时西移；2019年6月，因滨江绿地项目建设需要，又西移300米，现渡口正对着兰坪路。

李园

李园位于与沪闵路相交的建设路39弄内，为闵行本土人士、沪闵南柘公路发起筹建者、上海光复之役功臣李英石将军的故居，原为其侧室尤氏所建花园住宅。园内还有李英石三子李宗道自行设计的日式小洋房。新中国成立之初，李园置换于闵行镇上叶裕大百货绸布店主叶氏，叶家人居住至今。2016年9月5日，被公布为闵行区文物保护点。

敏园旧址

敏园旧址位于沪闵路华坪路，今滨江生活广场地块，已毁。为李英石在民国十一年（1922）拨出家田兴建的游乐性园林，占地30余亩。由上海南市半淞园主姚伯鸿主持规划，沿袭半淞园的设计理念，不仅花木扶疏、堂馆丛立，且其游乐、餐饮项目繁多，设施设备也完备和先进，一度成为各界人士游乐和举办聚会活动的场所、闵行地区综合性游乐首选之地。

敏园经历齐卢之战、抗日战争等多次兵燹，终毁。

闵行公园

闵行公园位于江川路街道（俗称老闵行区域），沪闵路东侧，临横泾港，南为江川路，总面积为55593平方米，于1988年10月1日建成开放。种植香樟、龙柏等，配植樱花、茶花、海棠花、灌木，植物景观丰富。在公园建设期间，江泽民同志曾到公园参加植树活动，并题写了园名。

这里原为普安公墓，于民国十七年（1928）由闵行普安善堂董事会筹资建造，始建时占地30余亩。到1949年5月，墓地增至142亩。归葬者有老上海金融界名人，也有南社早期成员、诗人、书法家戚牧等文化名流。李英石去世后，墓地也建于此。1966年“文革”初期墓地被毁。1986年后，此处兴建了闵行公园和上海市荣誉军人疗养院。

北桥老街

北桥老街位于沪闵路与北松公路（原为上松路）交汇处，南临俞塘河。筑沪闵路时，因工程要横穿北桥市街而过，李英石增加投资，在公路上建了一座钢筋水泥大型旱桥，连接街道，人们称“街路桥”。在交通欠发达的年代，北桥是上海通往南方的陆路交通要道。历史上北桥曾经很辉煌，民国以前，镇上的明心教寺规模位居上海前列。民国和解放后的一段时期内，北桥两度作为上海市县治，为上海县政府所在地。

现北桥老街尚存，分东、中、西三段。东街尚存一处民国建筑。

明心教寺和北桥钟楼旧址

明心寺又称明心教寺，是北桥历史上曾经有过的一座规模宏大的庙宇，位于沪闵路北桥段的东侧。据《钱武肃王立寺记》记载，此寺建于唐龙纪元年（889）。后几经扩建，到清乾隆年间时，明心寺已成为远近闻名的寺庙。南起俞塘河，北至桐桥，东抵横泾港，西达庙泾河，占地一平方公里，寺内僧侣上千名，寺房有五千零四十八间。而北桥老街依托明心寺的兴盛日益发展，形成市镇规模。清乾隆四十九年（1784），“北桥镇”首次列入《上海县志》。民国十九年（1930）农历正月十六日夜间，明心寺惨遭火灾，主要建筑和法器等尽毁。至此，千年古刹彻底断了香火，如今旧迹难觅。现仅存一棵树龄已有400多岁的银杏树，位于沪闵路北松路口。

北桥钟楼于南宋嘉定十七年（1224）初建，明嘉靖四十二年（1563）重修，并铸大铁钟。明万历十四年（1586），重铸大铜钟，高1.46米，直径1.8米，重3000多斤。为此，北桥人至今常说："北桥穷虽穷，还有三千六百斤铜。"数百年间，钟楼已经是本地最显眼的地标性建筑物。清光绪年间，明心教寺遭毁，钟楼从此失修，风光不再。民国二十三年（1934）5月，地方士绅重修钟楼，并将其向北移至县政府附近，取名为民新楼，俗称“北桥钟楼”。1982年8月，上海市佛教协会将铜钟转拨于龙华寺，安置在龙华寺大雄宝殿东南角廊内。

20世纪90年代初，北桥钟楼被拆除。

民国上海县政府旧址

民国上海县府位于沪闵路2550号大院内，旧址大楼坐北面南，原县府大门最初开在北松公路上，主体建筑为中西结合式楼房。于民国二十年（1931）5月奠基开工，次年年底竣工，民国二十二年（1933）1月9日入驻。1937年11月初被日军侵占，遭受损坏。1948年6月，经整修后县府重新迁入。1949年上海解放后，上海县人民政府在此建立。1954年迁出，交由部队使用，2006年由闵行区人民政府和原南京军区共同出资完成全面修缮。该大楼建筑风貌保持良好，为旧上海市县分治后的特殊产物和佐证，也是闵行区境内唯一完整保存的旧政府大楼，有较高的文物和建筑艺术价值。现为上海市文物保护单位。

普慈疗养院旧址

上海普慈疗养院旧址位于沪闵路3210号，今为上海市精神卫生中心闵行院区。民国二十二年（1933）6月29日落成开业。初占地119亩，房屋50多幢，均为西式风格，砖混结构，是由当时上海著名慈善家陆伯鸿先生通过集资创建的、由教会管理的精神专科医院。陆伯鸿为普慈疗养院首任院长。1937年11月，淞沪会战期间，国民革命军陆军108师官兵在疗养院附近与疯狂东进的日军短兵相接，最后我方有57名伤病员逃入疗养院中，院方热情接受，为之掩护。1952年，普慈疗养院被当时的上海市军管会接管，一度改名为上海市立精神病院。如今，院区内还保存着当年建造的二层病房9幢和教堂建筑，另有创始人之一白景明院长的墓葬。2003年12月，疗养院旧址被公布为闵行区文物保护单位；2014年4月，被列为上海市文物保护单位。

颛桥老街

颛桥老街地处沪闵路和老沪闵路交汇处，以颛建路两侧为主，形成已有四五百年历史。这里地处“官道”旁，明代时即有杜、徐、王三姓人家建宅定居，耕读传家。随着人口增多，经贸日益活跃，街市应运而生。据清乾隆《上海县志》记载，清初始称颛桥市。但老街西半部分尚属于华亭县。清嘉庆年间，镇区为十八保十五图，镇南为十八图，镇西南为十六图。清咸丰十年（1860），这里设立中渡桥团练局（后改称颛桥团练局），开始有行政管理机构。原来的市河老六磊塘上，自东向西有神龙桥、众安桥和秀龙桥等古桥。老街以众安桥为中心，分东、西、南、北4条街，呈十字形，东西街为主街。曾经，颛桥老街的住房大多是低矮的平房，如今保存着完整的几座老宅和全镇唯存的马头墙。北街24号内的周宅，始建于清嘉庆年间，光绪年间重建；西街8号的何家宅院也建于光绪年间；还有南街47号的陈家住宅，始建于1935年等。

2018年9月21日，颛桥老街旧区改造签约仪式暨动员大会举行，标志着颛桥老街改造动迁正式启动，将迎来新生。

颛桥十景

“颛桥十景”，即为颛桥历史文化长廊，于2018年9月底完工，并向公众开放。它沿着轨交5号线，北起沪闵路颛兴路，南至金塔路沪闵路3公里“闵行绿道”内，是一条集健身休闲、观赏教育于一体的历史文化长廊。十景分别为“英烈永生”“百年圆梦”“老街情韵”“土布异彩”“横泾乡愁”“古贤风范”“县治记忆”“钟声未绝”“古刹追思”和“穿越千古”等景观，充分展示了颛桥的风土人情和人文历史底蕴。

曹家行

曹家行即为曹行，又名曹家桥。曹行原为乡（镇），2000年并入梅陇镇。曹行因明副使曹闵（弘治九年进士）宅第得名。后有丁姓艺人卖艺定居于此，子孙繁衍兴旺，故居民以曹、丁两姓为多。以棉花、土布兴，清初商贸渐兴，遂成集市。清嘉庆时为曹家行市。清末民初，纺织业衰落，至抗日战争时期商市益发凋零。

翁板桥旧址

翁板桥是一座普通石桥，跨春申塘，当年这里为上海、松江两县及梅陇、莘庄、曹行、颛桥四乡临界地。因为地处要道，水路发达，在乡野之地形成市镇，颇具影响力。

1922年，沪闵路开通后，在五号桥（俗称春申塘桥）设立了长途公交车站，靠近翁板桥，促进了当地经济社会发展。时有居民百余户，商店三十余家，仅茶馆就有五家。抗日战争时期，一度繁荣，而日伪军不敢轻易进犯，以致人称“翁板桥市面赛莘庄”。抗战胜利后，市面衰落。如今，春申塘改道，旧河道不复存在，原先跨老春申塘的翁板桥石桥位于上海春城住宅区内，成为小区一景，仍保存完好。

朱家行

朱行镇老街，北临淀浦河，南傍老春申港。南宋时已有民宅，明代朱氏家族世居，俗称朱家巷。清乾隆年间称镇，嘉庆时称市，同治年间老春申港疏浚，附近店铺移此，市面更盛。“巷”“行”音在本地话中音相同，演变为朱行镇。民国十七年（1928）上海市、县分治，以混堂桥为界，镇分治于上海市和上海县、松江县。东西向老街，长约200米，宽仅二三米，后朱梅公路越镇而过，分为东、西两部分。解放后，公私合营期间，上海将市区原有的几十家手工艺作坊聚集起来，放在了朱行，这里成了上海手工艺品生产的大后方，其中最具代表性的就是声名赫赫的海派红木雕刻。

老街上原有一株近300年树龄的古紫藤，2005年12月移至镇西路休闲苑。2017年9月虹梅高架路贯通，朱行改造动迁也正式启动，居民全部迁移，朱行之名也将不复存在。

梅家弄

梅家弄位于朱梅路、虹梅南路、梅陇路汇合处，沪杭铁路、沪闵路南侧。相传明成化年间，有一徽州梅姓人士在此经商，其后裔建宅第好似街弄而得名。兴起于清嘉庆年间，为梅家弄市。清宣统元年（1909）10月，沪杭铁路开通时，在梅家弄南设立了火车站。民国十一年（1922），新建的沪闵公路在镇南朱家行经过，设公交汽车站，并辟建支路，东至华泾，西至梅家弄。因与上海南市梅家弄同名，民国二十二年（1933）经上海市政府批准，改名梅陇，至今仍有不少梅姓人家在此居住。

清同治时期，此地商市往来早已繁盛。20世纪40年代，米业兴起。抗日战争胜利后，肉庄生意兴隆，形成猪市。镇街道布局呈“丰”字形，主街南北向，约长200米，宽三四米，平房居多。20世纪80年代老镇改造，旧街全部拆除，建新街和居民新村，一部分划入徐汇区。镇北部，有当时上海最大的游艺场——锦江乐园。

长桥和钱粮庙

长桥，因桥而得名，自古属华亭县华亭乡三十保三区五十一图。桥原为石板桥，跨老申春塘（长桥至港口一段今称长桥港），始建于南宋咸淳元年（1265），由巨富张百五捐资千金而建，因其祖籍河北清和，故名清和桥。清代，桥跨华亭、上海两县连接南中北横跨两县，故俗称“长桥”。

沪闵公路开通后，在附近的钱粮庙设车站。钱粮庙原名钱曹庙，因庙前场地也是乡民纳粮上税之处，故改名。庙为三进，占地六亩，有一株银杏古树，门前摆一对石狮子。1929年遭火灾。抗战时银杏树被毁。

民国十七年（1928），上海市、县分治，长桥港南沿属华亭县（后改松江县），北属上海市。抗战初期，桥被拆除，胜利后又修复。1976年，因开挖淀浦河，老春申塘被填埋，清和桥随之拆除，长桥镇只剩南街。后来，老街与居民新村相连，东西街扩宽为罗秀路。

华泾

华泾镇原为上海县管辖区域，现隶属于徐汇区，位于上海市中部，镇域东濒黄浦江，与浦东新区三林镇隔江相望；西临老沪闵路，南起关港村，与闵行区梅陇镇接壤；北抵淀浦河。这里原属龙华地区，1992年由上海县划入徐汇区的那部分龙华乡，在1998年改名为华泾镇，也是当年沪闵南柘路的所经区域。

据明代《弘治上海县志》载，上海县境图已有龙华铺、华泾铺。志称："华泾铺处乌泥泾市之南端"，后乌泥泾市被倭寇烧毁，至清初于华泾聚集成市，以港名为华泾镇。

黄道婆墓

黄道婆（1245—1330），上海县乌泥泾镇（今徐汇区华泾镇）人，宋末元初著名的棉纺专家、技术革新家，由于推广纺织技术以及纺织工具而受到百姓的敬仰。清代时被尊为布业的始祖。其墓位于徐梅路700号，近老沪闵路，占地1000多平方米。墓冢四周砌有50厘米高的大理石护圈，中为椭圆形石圈土墓，墓冢前立有一汉白玉墓碑，其正面镌刻有原中共上海市委书记魏文伯题写的“元黄道婆墓”的手迹，墓碑背面刻有墓志，墓碑前置有长条形石供桌和石凳。

邹容墓

邹容（1885—1905），中国近代著名资产阶级革命宣传家，四川巴县人（今重庆市）。其撰写的《革命军》一书倡导反清革命，号召推翻清廷，创建中华共和国。为此遭到清廷和上海租界当局的迫害，《苏报》案发，被租界当局拘捕，于1905年4月3日被折磨致死。后孙中山追授他为“大将军”。其墓位于华泾镇华泾路附近，墓区总占地一亩余，墓台坐北朝南，面向大道，四周环有长青松柏，庄严肃穆，两边是正方形绿化区，广植花草。墓前尖顶青石刻书“邹容之墓”。过神道石阶有石碑一座，刻有章太炎篆书“赠大将军巴县邹容”。墓后为章太炎撰文、于右任书的青石墓表。1980年，为纪念辛亥革命70周年，上海市文物管理委员会重修邹容墓。

华东理工大学

华东理工大学原名华东化工学院，1952年由交通大学（上海）、震旦大学（上海）、大同大学（上海）、东吴大学（苏州）、江南大学（无锡）等校化工系合并组建而成，是新中国第一所以化工特色闻名的高等学府。1956年被定为全国首批招收研究生的学校之一，1960年起被确定为教育部直属的全国重点大学，1993年经国家教委批准，更名为华东理工大学，1996年进入国家“211工程”重点建设行列。学校现有徐汇、奉贤和金山三个校区，占地总面积2535亩，各类建筑总面积92万平方米。

华东理工徐汇校区（即老校区），东侧紧挨着老沪闵路，在建轨交15

号线从这里通过。

上海中学

上海市上海中学简称"上海中学"或"上中"。校门前的那条路叫上中路，与老沪闵路相交。上中创始于清同治四年（1865）的龙门书院，曾先后使用过江苏省立第二师范学校、江苏省立上海中学等校名。1950年2月，更名为上海市立上海中学，"文革"期间停办。1978年7月复校，定名为上海市上海中学。

上海中学是上海市率先开展高中生创新素养培育项目的学校，国家教育体制改革项目"探索拔尖创新人才培养基地"试点学校。本部为高中建制，国际部为1—12年级完整序列。

新龙华车站旧址

新龙华车站即为现在的铁路上海南站区域。光绪三十三年（1907），沪杭铁路开始兴建时，在新龙华（地属原上海县龙华乡张塘村）至日晖港码头间先筑有一段铁路，用以转运从水路运来的大量钢轨、枕木、水泥等筑路物资，新龙华成为路料转运站。民国五年（1916），沪宁、沪杭两条铁路接轨通车，新龙华车站正式建站，成为沪杭铁路线上的一个中间站。民国八年（1919）慧灵中学在新龙华创办。1922年，沪闵公路开通后，在慧灵中学附近设长途公交车站。从此，这里有火车站又有长途汽车站，成为地区交通枢纽。1998年3月，这里始建上海南站，2002年4月进行重建。2006年7月1日，重建后的上海南站正式投入运营。这里是上海铁路客运的南大门，也是上海铁路枢纽的重要组成部分。南站内还设有轨交上海南站站，途经线路有1号线和3号线。

新老沪闵路北段在此交汇。

漕河泾街道

漕河泾街道位于上海市徐汇区中西部，原为镇，后于2001年撤镇建街道办事处。龙华港、漕河泾港由东而西贯通全境，蒲汇塘（穆家塘）由北而南于境内三港汇合。沪闵路、老沪闵路在此通过。

明正德年间，漕河泾以米、布贸易成市，因漕河泾港得名。漕河泾港东起龙吴路东漕河庙，通龙华港入黄浦江，西至新泾港，通七宝等地。漕河泾镇建于明末清初，傍水而建，二里长街，分东、中、西三节，盛时商铺林立。故而漕河泾素有百年老镇的美誉，曾是上海县五大镇之一。1984年9月划归为徐汇区管辖。

漕溪公园

漕溪公园西临漕溪路，东近漕东支路，北靠漕东二路，南接漕东三路，全园面积3.13万平方米。公园的南半部解放前原为上海棉布商曹钟煌祖茔所在，又称曹家花园，始建于民国二十年（1931），民国二十四年（1935）落成。园内有仿古式琉璃瓦建筑物，有太湖石假山、水面、喷泉及雕刻精细的亭廊。抗日战争期间因缺乏管理而荒废。1958年10月，由上海市园林局重建后对外开放，定名为漕溪公园。

漕溪公园是以牡丹闻名沪上的自然式公园。南园以牡丹、芍药为主，北园则以桂花、蜡梅为主。植物随景栽植，室内陈盆景、池中栽植荷花、山旁种腊梅、亭侧植木樨、路边布修竹，各尽所宜。园中的牡丹名闻遐迹，品种繁多，牡丹特色花坛面积近千平方米，有本地和曹县品种牡丹60余种600余株，其中名种有五色牡丹、白牡丹，花形大而色纯，复瓣，颇具洛阳遗风。年龄最长者已逾120余年，为沪上仅有。

土山湾

土山湾曾经是上海的一个重要地标，位于徐家汇南半里许。1832年至1837年，民族英雄林则徐出任江苏巡抚，府衙在苏州，在做好各项工作的同时，率领官员民众，全力治理太湖水系河流，疏浚河道，促进漕运与经济繁荣。在疏浚漕溪、肇嘉浜、蒲汇塘的同时，用淤泥堆积出一高地，当地人称之为土山湾，其名沿用至今。清同治三年（1864）秋，徐家汇耶稣会传教士在土山湾高地建孤儿院、孤儿工艺场、土山湾画院等设施，造就了一代画界宗师徐悲鸿、世界雕塑大师张充仁、海派黄杨木雕创始人徐宝庆等。2010年6月，土山湾博物馆建成并对外开放，镇馆之宝为孤儿院杰作黄杨木雕牌楼。

1922年，沪闵南拓长途汽车公司在土山湾设立了上海城区的第一个公交汽车站（今漕溪北路蒲汇塘路口）。

锦江乐园

锦江乐园地处虹梅路、沪闵路口，这里也是闵行区与徐汇区的分界地。建成于1985年初的锦江乐园是改革开放后上海引进国外游乐设施建造的第一家现代化的大型游乐园、国家4A级旅游景区，占地面积170亩，有近30项各类经典游乐项目，如上海大转盘（摩天轮）、摩托过山车、海盗船、魔术风车等。乐园分成“陆上世界”和“水上世界”两大部分，适合各种年龄的游客游玩。

长期以来，锦江乐园的摩天轮是闵行区的一座显著地标。

百联南方购物中心

百联南方购物中心位于梅陇地区，南临沪闵路，地铁莲花路站对面。前身为友谊南方商城，称得上是闵行区境内首家真正意义上的商业综合体。2003年，友谊南方商城并入上海商业航母“百联集团”，商城南立面经过扩容整修后正式更名为“百联南方购物中心”。整个购物中心目前共有新、老大楼两幢建筑，外加附属面积约1万平方米的地面停车场。其中老楼（即购物中心）定位为大众消费场所，整个建筑包括地上5层，地下局部1层，拥有近10万平方米的建筑空间，在布局上以家乐福超市、友谊百货为主力店，最大限度地满足了周边居民日常消费的需要。

百联南方购物中心共有130余家品牌特色专卖店，涵盖了服装、小百货、大小家电、通讯器材、体育用品等多种经营项目，满足了人们的个性化消费需求，中西餐饮、咖啡馆、游乐城等成了人们聚会、休闲的理想场所，药店、邮局、银行、旅行社、洗衣店、美容美发等一系列社区服务项目，更是为居民生活提供了便利。新楼（即友谊商城）则是在原有的购物中心经营模式基础上，从品牌提升、错位经营的角度考虑，新建的一幢拥有地下2层室内停车场和地上9层营业场所，面积将近7万平方米的建筑，除了百货作为主力业态外，还包括好乐迪、苏浙汇、世纪友谊影城等。

沪闵高架路

沪闵高架路为城市快速路，是陆路出入上海市区的南大门，亦是上海市总体路网的骨干射线路网之一。沪闵高架路北起内环线漕溪路立交，南至外环线莘庄立交北端，全长7.9公里。工程实施分两期进行。一期工程为柳州南路至漕溪路立交，长2.5公里，于1997年7月竣工通车；二期工程为莘庄立交北端至柳州南路，长5.4公里，于2003年12月竣工通车，有效缓解了沪闵路的交通压力。

轨交1号线和5号线

轨交1号线是上海的第一条地铁，亦为上海轨道交通最为繁忙、最重要的大动脉，由莘庄起始，沿沪闵路一侧平行北上，再沿漕溪路到达徐家汇，最终至宝山区富锦路。该线于1993年1月10日建成南段（锦江乐园站至徐家汇站）上行线，并于1993年5月28日开始试运营；此后先后开通一期工程、南延伸段、北延伸段一期、北延伸段二期。截至2019年1月，该线途经宝山区、静安区、黄浦区、徐汇区、闵行区5个区，全长36.89公里，共设28个车站，其中换乘车站9座，拥有梅陇车辆段1个和富锦路停车场1个。

轨交5号线又称莘闵线，于2003年11月25日开通运营（莘庄站至闵行开发区站），2018年12月30日开通运营南延伸段（东川路站至奉贤新城站），标志色为紫罗兰。轨交5号线是国内第一条采用高架轻轨制式建成运营的轨道线，也是第一条上海自行生产的轻轨车辆上线运营的轨道线。

莘庄立交桥

莘庄立交位于闵行区莘庄镇，建成于2011年，被誉为“亚洲第一立交桥”。这里是沪闵高架路、沪昆高速公路及沪金高速公路的终点，同时与上海外环高速公路交汇，立交桥下还有上海地铁1号线及沪杭铁路。

莘庄

莘庄镇是闵行区委、区政府所在地，地理位置上是“上海的中心”，因跨莘溪而得名。在南朝（420—589）已有墓葬，成陆年代当在6世纪以前。南宋咸淳年间（1265—1274），镇上已建有施水庵，俗称草庵。施水庵原在镇南南栅口以南约200米处，光绪三十四年（1908）建筑沪杭铁路，南栅口外设莘庄车站，庵址首当其冲，经镇上绅商同意，旋将施水庵南迁1公里，与春申庵合并。现两庵均湮没，迄今已历700多年。

莘庄在20世纪30年代商市日渐发展，尤其是花（棉）市繁荣。1958年，上海市因建设闵行工业卫星城的需要，作出了沪闵路南柘路沪闵段徐家汇至漕河泾及颛桥至闵行首位两段拓宽改建规划，中间路段截弯取直改经莘庄镇。1959年9月，沪闵路改道竣工，自此莘庄的地利优势凸显。1960年12月，寄居在老闵行建设路1号的上海县人民委员会（政府）迁至莘庄镇张家花园（现莘建路201号）。1992年9月26日，原闵行区、原上海县“撤二建一”，成立新闵行区，随后区机关大院搬迁至沪闵路6258号至今。

轨交1号线、沪闵高架路的建成通车，更使莘庄镇的发展日新月异。

说明：为阅读方便，本文所列的点位，顺序由闵行区江川路街道（老闵行地区）的闵行渡起，这里其实是新老沪闵路南段的终点。到颛桥后的一路是老沪闵路所经过的区域，直到土山湾，而后折返沿1959年后建成的沪闵路到莘庄。

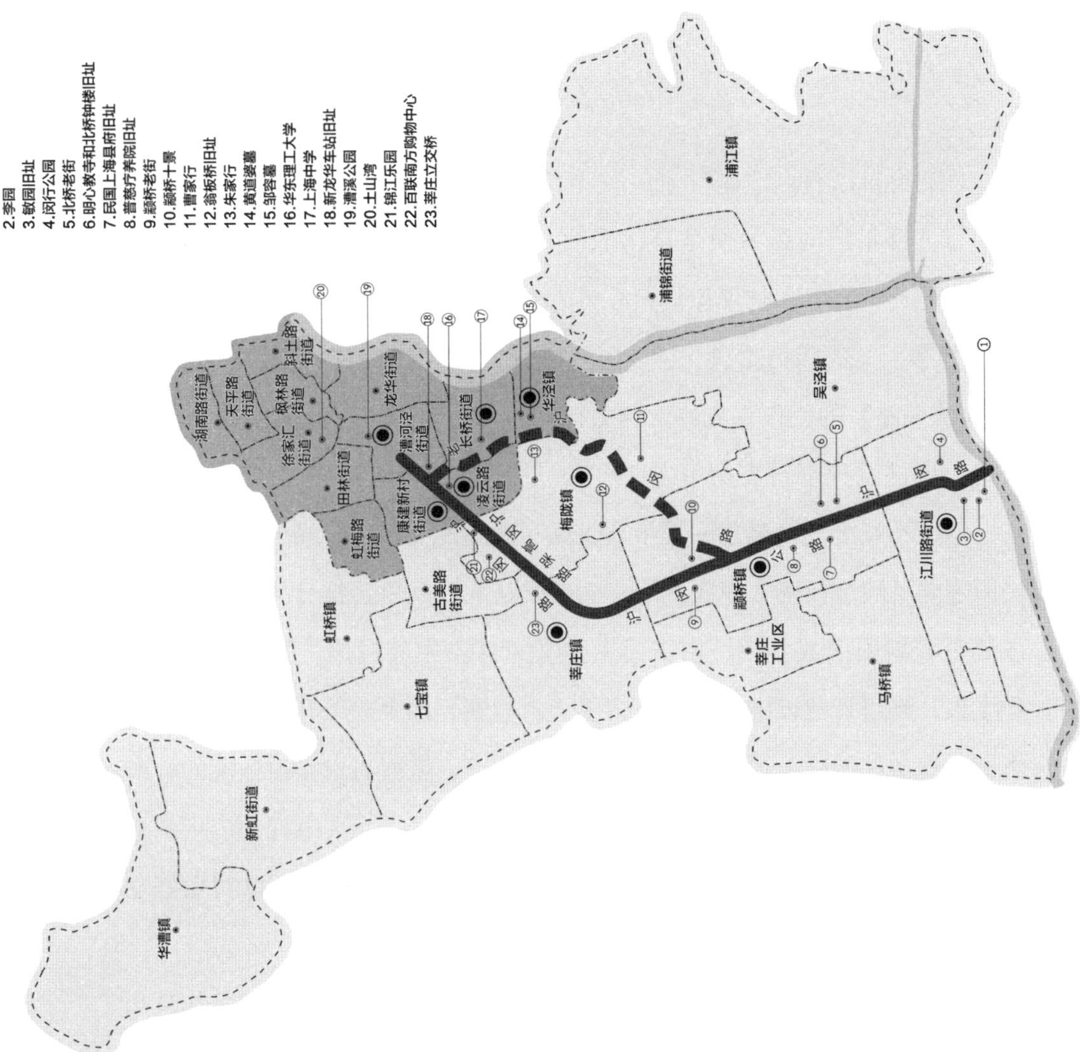

2.李园
3.敬园旧址
4.闵行公园
5.北桥老街
6.明心教寺和北桥钟楼旧址
7.民国上海县府旧址
8.普慈疗养院旧址
9.颛桥老街
10.颛桥十景
11.曹家行
12.翁板桥旧址
13.朱家行
14.黄道婆墓
15.邹容墓
16.华东理工大学
17.上海中学
18.新龙华车站旧址
19.漕溪公园
20.土山湾
21.锦江乐园
22.百联南方购物中心
23.莘庄立交桥
浦江镇
浦锦街道
吴泾镇
江川路街道
马桥镇
莘庄工业区
颛桥镇
梅陇镇
华泾镇
长桥街道
龙华街道
漕河泾街道
凌云路街道
康建新村街道
虹梅路街道
田林街道
徐家汇街道
枫林路街道
天平路街道
湖南路街道
斜土路街道
古美路街道
莘庄镇
虹桥镇
七宝镇
新虹街道
华漕镇

沪闵路沿线相关点位

后记

总觉得自己有点“作”，而一“作”就要吃“苦”。

写《百年沪闵路》便是自讨来的“苦”。虽说写作的过程还算顺利，但前期的资料收集和整理却是劳心劳力。

作为“发现闵行之美”系列文史丛书“百舸争流”辑其中的一本，《百年沪闵路》的创作首先要做到史料上的真实和严谨。包括时间、地点、人物、事件过程都得有据可考，可查。一百年的时间，在历史长河中不长，但也不算短，何况这一百年是激荡和澎湃的一百年。经历清朝灭亡到民国建立，随之便陷入军阀混战，而后就是北伐战争、抗日战争，直到解放战争；新中国成立后，由新民主主义向社会主义过渡，并全面建设社会主义，到迈入建设中国特色社会主义新时期，迎来改革开放新阶段……由于历史条件所限，关于沪闵路的史料很匮乏，就算有也是很散乱的。所以要完整、系统、全面地把这条路建设的历史背景，发展过程和产生的影响写出来并不是件容易的事。但既然“作”着定了这个目标，就得做好吃苦的心理准备。

作为一个老闵行人，我对沪闵路自然是再熟悉不过，因为这条路几乎是我小时候乃至青年时期“去上海”的唯一之路。这份亲近感是刻骨铭心的，所以才有要写写它的冲动和热情。

事实上，沪闵路是值得一写的。百年前，发出倡议并主持修筑沪闵路的是闵行人李英石将军，这个人本身具有一定的传奇性。他是辛亥革命的功臣，为推翻清朝封建帝制，光复上海立下了汗马功劳；同时，他为地方建设和发展呕心沥血，建设起我国第一条由企业自建并私营长途客运的公路。李英石将军身处非常年代，命运多舛，继而因郁郁不得志英年早逝，但沪闵路犹在，让后人能够记住他。对于沪闵路为地方发展所带来的积极作用和巨大贡献，其实是无须赘言的。这条路，改变了当时老闵行到市区只能坐船的交通窘境，更促使上海近郊西南乡镇连成一片，有力地促进了当地经济社会的发展。新中国成立，百废待兴，1958年，上海市因建设闵行工业卫星城之需，对沪闵路进行截弯取直改经莘庄镇，次年9月竣工。至此，沪闵路对闵行尤其是南部地区的影响力越来越深远。

沪闵路是公路，而公路字面含义当然是指公用之路，公众交通之路。所以，它攸关民生，是与车的亲近，更是与人的亲近。李英石修筑沪闵南柘路（沪闵段一部分为如今的老沪闵路），开通沪闵南柘长途汽车，这条公交线历史较早，我只能通过当年的照片和史料有所了解；但后来沪闵路上的徐闵线却是十分熟悉，这么多年来从老闵行出发，去莘庄、去上海市区，不知乘过多少次。这条线路相依相伴几代人，累积的情感不是三言两语能说得清的。关于这点，我在《乘着徐闵线去上海》一文中也写到了。

无论是老沪闵路，还是沪闵路，我对车辙所经之处的城镇还算是比较了解的，且不说长期生活的老闵行地区，北桥、颛桥、莘庄、梅陇、漕河泾等等，都有深刻的印象。走过路过，更驻足过。近几年因为一直在从事本土文化的发掘和宣传，尤其是接受了闵行区政协编撰系列文史丛书的工作，更让我对这些地方的人文历史有了较为全面的了解。所以在决定撰写《百年沪闵路》一书时，我就考虑，一方面要写沪闵路建设和发展历史；另一方面更要写沿路周边地区的巨大变化和人文风物之美。这样才能做到有骨有筋，有血有肉。沿着沪闵路寻归觅往，抹不去旧日印痕；璀璨灯火，道不尽乡愁悠情；根叶相系，扯不断彼此联结；停不下的行走，只因心在路上。

为撰写《百年沪闵路》，我查阅了大量与之有关的史料、地方志、道路志，还去上海档案馆复印了相关的历史文件，在今年春节前，专门沿路实地考察、探访，来来回回走了几次，同时走访了李英石将军的后人。越是深入了解，对这条路的感受也越加深厚。这本书我是以点带面，或点面结合写的，可独立成篇，但结集在一起，沪闵路的百年历史也基本明了，而闵行，从田野阡陌落后乡村到生态宜居新兴都市的魅力画卷也一一铺陈展开。

非常感谢闵行区政协、闵行区江川路街道、颛桥镇等相关单位和部门，及文史专家、学者对于我撰写这本书所给予的大力支持和热忱帮助。虽然我已勉力为之，但总因才疏学浅，不一定令读者满意，更或存在史料上的偏差疏漏，不足之处，敬请见谅。

在写这本书的同时，由我担纲策划和编导的同名纪录片也正在积极筹拍中，这又是一种形式的历史呈现。

还是那句话——因为，沪闵路值得一书。

吴玉林

2019年10月

图书在版编目(CIP)数据

百年沪闵路 / 闵行区政协学习和文史委员会编；吴玉林著. — 上海：上海书店出版社，2019.12
（"发现闵行之美"闵行区政协文史丛书）
ISBN 978-7-5458-1888-8

Ⅰ.①百… Ⅱ.①闵… ②吴… Ⅲ.①城市道路—史料—闵行区 Ⅳ.①K925.13

中国版本图书馆CIP数据核字(2019)第247830号

特约编辑 樊惠安 姚 尧
丛书策划 闵行区政协学习和文史委员会 明镜文化
责任编辑 王 郡
封面设计 汪 昊

百年沪闵路
"发现闵行之美"闵行区政协文史丛书·百舸争流辑
吴玉林 著

出　　版 上海书店出版社
（200001 上海福建中路193号）
发　　行 上海人民出版社发行中心
印　　刷 上海丽佳制版印刷有限公司
开　　本 710×1000 1/16
印　　张 16.75
版　　次 2019年12月第1版
印　　次 2019年12月第1次印刷
ISBN 978-7-5458-1888-8/K.362
定　　价 55.00元